地域力だ！
ボーイスカウト

「そなえよつねに」をモットーに

森屋 啓
Moriya Akira

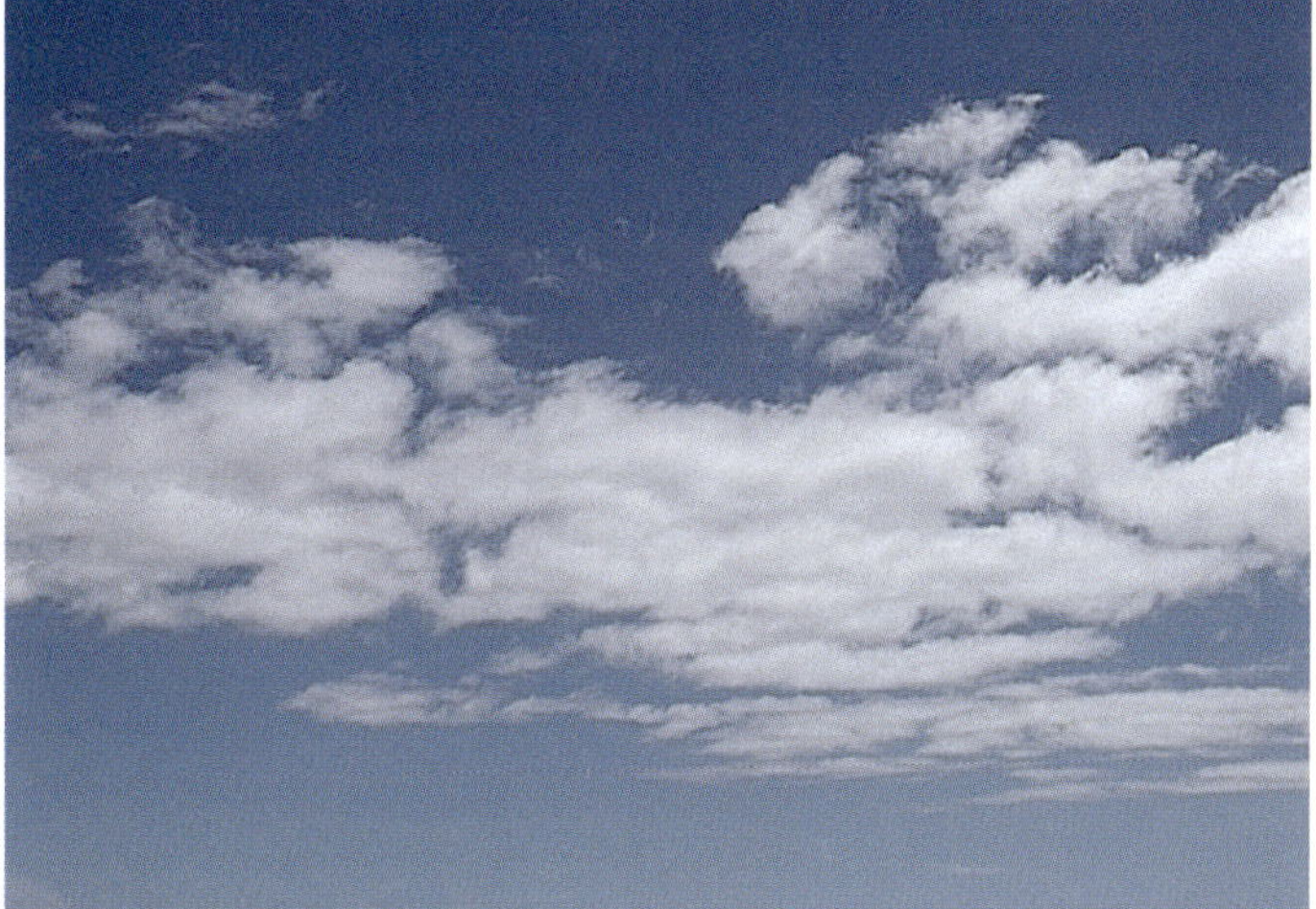

日貿出版社

地域力の充実に、もっと貢献を願うボーイスカウト！

これはスカウト（ボーイスカウトでは子どもたちをこう呼びます）の前で**父親・母親指導者の任命式**が行われている様子です。子どもたちだけでなく子を持つ**大勢の親たちも、家庭内だけでなく地域社会の子どもたちを皆で一緒に育んでいこうと指導者として参加し、力を尽くしています。**

ここは市川第3団が日頃訓練をしている団の野営場（地域の篤志家が提供）です。紺色の制服を着たのは小学校2年の9月から小学校4年生の8月までが所属する「カブスカウト」の子どもたち。**ボーイスカウト運動では、異年齢の子どもたちで構成する縦社会の小グループを班の単位として活動します。**周りにいる指導者は、あくまでもその手助けをする協力者という任務です。

ボーイスカウトの基本方針には、野外活動を教育の場として実践することが明記されています。自然への憧れや敬う心を持ち、**自然に生かされていることを自覚しながら出来るだけ多くのサバイバル技術を身につけ、自然と共生出来る人間を目指します。**この日は市川第3団 45 周年合同キャンプが行われました。

ボーイスカウトでは**「絶対評価教育」を大切にしています。**それは他人との比較で良い悪いを評価する「相対評価」ではなく、**その子の能力の中でどれだけ努力をしたか？　を評価する教育法です。**整列しているのは、この日の野外活動において隊長から励ましの言葉を受けるスカウトたち。隊長の目は一人ひとりのスカウトに向けられています。

ロケット実験を興味津々で見ているのは、ビーバースカウト（小学校1年生の就学前9月から小学校2年生の8月まで）の子どもたち。ボーイスカウト運動を支えている「一貫した年代別プログラムによるシステム化された教育法」の中には、**遊びやゲームを取り入れ、子どもが発見と修行を行う自然な方法が随所にあります。**

1995年以降、ボーイスカウトに女子の参加が認められました。もともと「スカウト」とは先駆者のこと。**「自ら率先して幸福な人生を切り拓き、社会の発展の先頭に立とうとする青少年」という意味**で、女子も男子も同じ制服を着用し、一緒にキャンプや奉仕活動をしています。

ボーイスカウトは、自分のためだけでなく、**奉仕の精神をもって人の役に立つために技術や知識を学びます。**これは竹の工作物を製作しているところですが、テントの張り方や自然観察、炊事、地図の読み方など、活動で自立心や創造力が養われていきます。

丸太を組み合わせて物見やぐらを造りました。こうした**野外での冒険プログラムによって子どもたちはさまざまな成果を得ます**が、安全確保はますます重要になってきます。「ルールを守れば事故は防げる」そして「そなえよつねに」というモットーを掲げ、指導者たちは保険制度も含めた真剣な議論を重ねています。

1世紀前にベーデン–パウエル卿が行った20人の少年とのキャンプがボーイスカウトの基礎になりました。彼は大英帝国の軍人で、若い頃から南アフリカやインドなど当時の植民地にたびたび駐在し、大自然の中で高度なサバイバル技術を身につけた人でした。この**立ちかまどもボーイスカウトならではの炊事風景です。**

ボーイスカウトでは、各年代によって生涯役に立つさまざまなプログラムが用意され、それを達成するとバッジがもらえます。個々に興味や関心を持った分野に挑戦したことを示す「ターゲットバッジ」、技能を深めたことを示す「マスターバッジ」。そのひとつ「縄結び」が、こんな物見やぐらまで完成させてしまいます。

2010年、千葉国体が開催されました。**ボーイスカウトはこのような地域行事に対して、積極的に奉仕活動を実施しています。**県からは、総合開会式と閉会式の式典奉仕が要請され、各地区から選抜されたベンチャースカウト（中学3年生の9月から）が奉仕隊を編成し準備訓練を進めました。写真は森田健作千葉県知事に国体旗を返還している様子です。

千葉国体においては、県内30市2町で実施された各種競技会場周辺地区の清掃でも協力・奉仕をしました。この「県内一斉クリーンアップ作戦」では県下の大勢のスカウトがNPOの方たちと共に地域活動をしました。ボーイスカウトは、地域力を高めます。**清掃活動ひとつにしても、地域活動の拡大化や活発化をうながす大変重要な役割です。**市民団体の一つである**ボーイスカウトが他の市民団体と協働することは、地域の未来を明るい方向へ導きます。**なお、毎年9月の敬老の日は「スカウトの日」と設定し、全国で「環境」をテーマとした奉仕活動をしています。

世界のボーイスカウトは216の国と地域で、約2800万人が活動しています。これは国連加盟国194をこえる数で、世界の平和はボーイスカウトの仲間に託されているといってもいいでしょう。**世界大会である「世界スカウトジャンボリー」は4年に一度開催されます。**第21回世界スカウトジャンボリー（イギリス）は4万人規模で2007年に開催され、日本からは1500人以上が参加しました。**2015年には第23回世界スカウトジャンボリーが山口県きらら浜で開催されます。**これに先だち、2013年には同会場でプレ大会を兼ねた日本ジャンボリーの開催が決定しています。

ボーイスカウトは各種のキャンプ大会を開催していますが、**日本の大会で最も規模が大きいのは4年に一度開催される「日本ジャンボリー」です。**全国47都道府県から約2万人のボーイスカウトが集まり、海外からも約1000人が参加します。写真は2010年の第15回日本ジャンボリー（朝霧高原）の様子です。

ボーイスカウト日本連盟組織

世界スカウト機構
加盟員総数 156,628 名（2010 年度末時点）
日本連盟
県連盟
県連盟
県連盟
県連盟
県連盟
県連盟
地区
地区
地区
地区
地区
地区
地区
団
団
団
～
団の構成
ローバースカウト隊（18 歳以上）
ベンチャースカウト隊（中学校3年生の9月から）
ボーイスカウト隊（小学校5年生の9月から）
カブスカウト隊（小学校2年生の9月から）
ビーバースカウト隊（小学校就学前の9月から）

世界中のボーイスカウト2800万人が仲間です！

ボーイスカウトは、世界216の国と地域で展開されています。
これは国連加盟国数を上回ります。
世界が手を結ぶとき、
きっとそこにはボーイスカウトがいます。

現在、世界では2800万人の
ボーイスカウトが活動し、
これまでに2億5000万人以上の人々が
ボーイスカウトを体験して社会で
活躍しています。

はじめに

こんなに閉塞感《へいそく》に満ち溢《あふ》れた日本は過去にありませんでした。大人がこの閉塞感で憂鬱になるのですから、子どもたちはどうなっていくのでしょう？

30年も前からわかっていた少子高齢化社会の訪れに高をくくっていた大人たちは、負の遺産をそっくり子どもはおろか、孫やひ孫にまで押し付けて、「後は宜しくね。お先に失礼！　あの世で待っているからね！」とスタコラさっさを決め込もうとしています……。

こんなことで果たしていいのだろうか？　もちろんこの無責任な大人たちの一部である自分の責任が逃れられる訳ではありませんが、何とかその罪滅ぼしのほんの一部分でも担《にな》うことが出来ればと、この本を出版することを決意しました。

実は、もうかれこれ4年程前になりますが、月刊誌「えくせれんと」の編集長から、「学校のいじめや少子化問題がマスコミを賑わせている時代なので、ボーイスカウトを知らない読者向けに青少年育成地域ボランティアの視点でわかりやすい連載記事を書いて貰えないか？」と口説かれました。幸いなことに、ちょうどその頃は、ボーイスカウトの教育法をもっと大勢の子どもの社会教育ツールに役立てられないものかと考えていましたので、思い切って寄稿させていただくことにしました。

編集長の意向に沿って、私の所属団の活動現場での実際の出来事を例示して「地域の子どもに地域の大人が、この教育システムを使って背中（人格）を見せ、どのような成果を挙げているのか？」という「地域力」を高めるための具体的な紹介を「ボーイスカウトの願い」というタイトルにして連載させていただきました。

それから時が過ぎ、日本は政治も経済もますます不透明な世の中に陥《おちい》り、青少年問題はその影響をもろに受けてさらに厳しい時代になってしまいました。そんな折に、「えくせれんと」の編集長から再び、「現在の世相にぴったりの内容なので当時の連載文を1冊の本にして出版しないか。必ずや世の中のためになる！」との強い要請を受けました。

思いも寄らない話でしたが、私を決意させたのは当時連載中に寄せられた読者からの貴重なお手紙の数々でした。

●「ボーイスカウトって、一貫したプログラムで年間を通じて計画的に子どもたちに教育を施しているものとは知りませんでした！」

●「ボーイスカウトのことが良くわかりました。子どもにボーイスカウトをやらせたいのですが？」

●「こんな素晴らしいボーイスカウト運動の本当の良さを、何で世の中にもっとアピールしないのですか？」

といった内容でした。

一方、昨年4月にボーイスカウト日本連盟は、幾多の青少年育成団体のトップを切って、新しい法律に基づく公益財団法人第1号になりました。公益財団法人とは、「ボーイスカウト加盟員に限らず広く社会一般にその蓄積したノウハウを還元する義務を負う」という、正に公益に資する法人になった訳です。そのような折柄でもありますので、この本がボーイスカウトを全くご存知ない方、少しでも興味をお持ちの方、そしてお子様のおられる保護者の方々にとって、ボーイスカウト運動が、明日の日本を担う子どもたちの権利とも言うべき「家庭力」「学校力」「地域力」

の正三角形の一辺である「地域力」を高めるための有効なツールであることを知っていただくことになれば、これに過ぎる喜びはありません。

「地域の子どもを地域の大人が、ボーイスカウト教育法を使って熱い背中を見せながら、明日の世界を担える有為《うい》な社会人に育つようなサポートを続けたい」。これは取りも直さず、「地域力の充実にもっと貢献したい！」との「ボーイスカウトの願い」を胸に秘めたものである訳です。

ところで、東日本が巨大地震と大津波に襲われました。未曾有の事態に遭遇された被災地の皆様には心よりお見舞いを申し上げます。

世界中のボーイスカウトが「そなえよつねに」という言葉をモットーにしていますが、この言葉は、災害のためだけではなく、「いつどのような事態であっても最も適した対応が出来るように、常に準備や訓練を怠りなく」ということを教えています。大勢のボーイスカウトが、この「そなえよつねに」の精神で被災地に向けた支援活動を懸命《けんめい》に行っていますが、被災地では、日頃から培った「地域力」こそが、物心両面で復興に向けて大きな役割を果たすことになると思います。

目次

明日の世界を担《にな》う子どもは、家庭力・学校力・地域力の「正三角形」の真ん中で育つ権利がある！

世界中に友だちが2800万人もいる

ボーイスカウトでは、子どものことをスカウト（Scout）と呼び、スカウトを直接指導する地域ボランティア責任者のことを隊長（Scout Master）と呼んでいます。ボーイスカウトを創ったベーデン-パウエル（略称B-P）は大英帝国の軍人でしたが、若い頃から南アフリカやインドなど当時の植民地にたびたび駐在して、軍務とはいえ大自然の中で高度なサバイバル技術を身につけ、敵情や地形や動植物などの状況を偵察する**斥候**《せっこう》技術に優れた能力を発揮しました。この斥候のことを英語でScoutと言いますが、この言葉には**先駆者**《せんくしゃ》や**希求**という意味合いも含まれます。

1世紀前にB-Pが20人の少年と実験的に行ったキャンプは、この斥候技術をベースにして遊びやゲームをうまく取り入れた**独特の教育手法**であったために大成功でした。このキャンプのことは別に詳しくお話ししますが、これを機にB-Pは永年考え続けていた手法を「ボーイスカウト」と呼ぶことにしました。この名前は、単に子どもの斥候ではなく**「平和の希求者」**であって欲しいとの願いも込めたそうです。

このようにたった20人で始めたボーイスカウト運動は、現在２１６の国と地域で２８００万人ものスカウトや指導者たちにより、B-Pが考案した「ボーイスカウト教育法」を駆使して地域社会の中で「地域力」の醸成《じょうせい》に地道に貢献しています。ボーイスカウト日本連盟では約15万人が登録して全ての都道府県に所在する約２６００の団に所属していますが、私が責任者を務める団もその１つで、２０１２年に創立50周年を迎えます。

ボーイスカウトは地域の子どもの受け入れを大歓迎

「子どもは、家庭力・学校力・地域力の正三角形の真ん中で育つ権利があるのです！」という話をご存知でしょうか？　これは不等辺三角形ではない「正三角形」と「権利」

ということろに重い意味があります。この子どもを育てる3つの力は、それぞれに教育や徳育や包容の精神で成り立っていなければなりませんが、3つの力には、それぞれに子どもの快適な居場所がなくてはなりません。

この意味は、子どもの成長にとってかけがえのない大切なものであるにもかかわらず、昨今の世の中は「地域力」があまりにも弱すぎるために、この「権利」を享受《きょうじゅ》出来る子どもの数が少なく、しかも限定的なようです。

日本の「地域力」が先進諸国の中で最低水準にあることは誠に残念なことであ

ります。それは民族性や地域性から来る公民意識の欠如というダメな理由が議論されていますが、要は「地域力」の必要性が大きいにも関わらず、総論賛成各論反対の世論が一向に改善されないために、肝心な人や物やお金が集まりにくい状況が続いているからです。

地域社会では、それぞれの「力」の担い手を「家庭力は保護者が！　学校力は教師が！　では地域力は一体誰が？」と問えば、ほとんどの人から「それは地域のボランティアですよ！」との答えが返って来ます。しかしながら青少年健全育成団体は、いずれもボランティアの組織化や定着率でとても苦労されているそうで、思うように「地域力」を高められないというご意見を伺っています。その点ボーイスカウトは、早くからボランティアのための指導者研修機関の充実化に努力して来たためかかなりの定着率を維持していますので、地域の子どもの受け入れは全国どこの団でも十分可能であり、大歓迎であります。

ボーイスカウトは英国人のベーデン-パウエルが創った！

ところで、ボーイスカウト創設に当たってのB-Pの最大の狙いは、当時疲弊《ひへい》した英国の子どもたちが、将来の夢を持てずに無為に過ごしているのを見て、**「何とかやる気を持たせる方法はないだろうか？」**と始めたそうで、決して軍隊の予備隊を創ろうとした訳ではありません。

20世紀初頭の英国は危機的状況にありました。国内においては、中産階級と労働者階級の対立が深刻化し、外にあっては各国の植民地で独立運動が勃発《ぼっぱつ》しました。そこに大英帝国の象徴であったビクトリア女王の死去が重なり、国の将来に対する危機感が充満した中で、将来を託すべき青少年、特に労働者階級の子弟のモラルが荒廃《こうはい》していました（この「モラルの荒廃」は現代の日本の世相に似ていると思いませんか？）。

B-Pは、軍人時代に貴重な体験をしております。南アフリカでオランダ系農民ボーア人との間で戦争が起こりました（後にB-Pは、マフェキングの英雄と敬われた）。このとき217日に及ぶ籠城戦《ろうじょうせん》の最中に、B-Pは現地の英国人少年を集めて「見習い兵団」を組織しますが「少年であっても彼等を信じて訓練と目的意識を持たせれば危険を恐れ

ボーイスカウトのバイブル『スカウティング・フォア・ボーイズ』

ずに大人以上の働きをする！」ことの貴重な実体験をしました。そこで彼は、この体験から考案した独特の「教育手法」を使って、中産階級と労働者階級の子どもを20人集めて1907年7月29日から12日間ブラウンシー島における実験キャンプを行いました。これは、当時の英国は貴族階級を含めて極めて明確な階級社会であったことから、少年たちの階級意識をなくすことも狙いでした。

モラルが荒廃した世相にあって、しかも異なる階級の子どもたちが集ったキャンプでしたが、B-Pの考案した独特の教育手法により全員が楽しくキャンプを過ごし、任務を全うしたことで実験キャンプは大成功でした。

この独特のシステム化された「教育法」の一番重要な部分が**パトロールシステム**（小集団教育—日本では班制教育）と**バッジシステム**（進歩教育—日本では進歩制度〈絶対評価〉）でして、今日のボーイスカウト教育法の2大制度の原型になっています。

そして翌年、この「教育法」を少年たちにもわかり易く解説し、自ら描いた得意の挿絵《さしえ》も沢山入れた本を出版して大きな反響を呼び起こしました。これが今もボーイスカウト運動のバイブルとして生き続ける『スカウティング・フォア・ボーイズ』であります。

幼年から青年に至る一貫した年代別プログラムによるシステム化された教育法（8つの成功要素）

ボーイスカウト運動を支えているのは、「一貫した年代別プログラムによるシステム化された教育法」でありますが、これが前述の「地域力」を高める最適なツールであることを、2800万人に成長した歴史が証明しています。

ところで、この教育システムは8つの成功要素に分析されています。

①「遊びやゲーム」を取り入れ、子どもが発見と修業を行う自然な方法である。

②「班」と呼ぶ子どもたちの小集団の共同体を取り入れ、異年齢縦社会の中で子ども自身が決定と行動と助け合いをする場である。

③「隊」と呼ぶ「班」をいくつか束ねたより大きい集団の共同体により、共同管理と

民主主義の修業の場になる。

④「キャンプと自然での生活」により、自由な空間を確保し様々な現実と立ち向かうのに最適である。

⑤「おきて」と「ちかい」の実践により、自発的に約束を守る機会や自己を超越した精神的進化への可能性が大である。

⑥「自己教育」を自然に行うことにより、自律心と責任観念を養う。

⑦「神話―夢」を実現するための平和と世界兄弟愛という理想郷の建設者になる。

⑧制服や記章は「シンボル」であり、子ども自身の所属のしるしとなる。

ここで忘れてはいけないことは、「地域の子どもを地域の大人が背中（人格）を見せながら8つの成功要素を持ったボースカウト教育システムで指導（支援）する」という基本的枠組みの存在が大前提であります。つまり、**地域の子どもと大人があくまでも主人公**であって、「教育システム」は、ツール（手段）であるということの認識が極めて重要であります。

ともあれボーイスカウトは、最初は英国やその植民地で広がっていきましたが、この卓越した教育法や指導者養成機関の充実化が大きな効果をもたらして、どんどん世界中に広まっていった訳です。

ボーイスカウトを創ったB-Pは、晩年にボーイスカウトの偉大な功績が評価されて国王から男爵に叙《じょ》せられ、ベーデン-パウエル・オブ・ギルウェル男爵となり、1939年にはノーベル平和賞に決まりました。残念なことに戦争の勃発《ぼっぱつ》でその年のノーベル平和賞そのものがなくなったために受賞は出来ませんでした。

このような経緯から、ボーイスカウトという言葉はとても有名になりました。しかしながら肝心な「本当の素晴らしさ」の中身については、世間でほとんど知られていないことがわかり、驚くと共に関係者の1人として自らの努力不足を反省した次第です。

「ボーイスカウトって、キャンプをしたり募金や清掃活動をする団体でしょう！」とか「お金持ちの子弟がやる子ども会じゃないの？」といった話をよく耳にしますが、いずれも正しいボーイスカウト像ではありません。

ボーイスカウトとは、**「自ら進んで幸福な人生を切り開き、社会の発展に貢献する有為な青少年の育成」**を目的とする団体であり、その中核ツールとして大切な**「子どもたち**

への教育システム」がある、という話題がないことが残念でなりません。

子どもの異年齢縦集団の崩壊と遊びの室内化

ボーイスカウトの8つの成功要素の中のいくつかは、昔はあちこちの地域社会で大人が近所の子どもに背中を見せながら普通に行われていたものでした。ところが高度経済成長社会を経て先進国の仲間入りをしたとたんに、急激な都市化やIT革命や過度な競争社会の現出によって、子どもたちの世界にも大きな変革をもたらしました。それは、ガキ大将のもとで野山を遊び場にしていた子どもの集団が消え、異年齢の縦の集団が崩壊して同年齢ばかりの集団に代わり、テレビゲーム機が家庭に普及し厳しい受験戦争の渦に巻き込まれていきました。その結果、子ども集団は少人数化や遊びの室内化が定着すると共に多忙になり、学校ではいじめが目立つようになってしまいました。

今こそ「ボーイスカウトの教育システムをもっともっと大勢の子どもの社会教育ツールに役立てることが出来れば、日本の未来が明るくなるのになぁ！」と、私は自身の体験から真剣に考えています。

01 大臣から届いた、子どもたちへの手紙

子どもたちの命を守らなければならない時代が来てしまいました。
文部科学大臣から直々に、子どもたちへ手紙が届いたのは
2006年11月。
こんなことは前代未聞のはずです。

文部科学大臣からのお願い

未来のある君たちへ

弱いたちばの友だちや同級生をいじめるのは、はずかしいこと。仲間といっしょに友だちをいじめるのは、ひきょうなこと。君たちもいじめられるたちばになることもあるんだよ。後になって、なぜあんなはずかしいことをしたのだろう、ばかだったなあと思うより、今、やっているいじめをすぐにやめよう。

いじめられている君は、けっして一人ぼっちじゃないんだよ。お父さん、お母さん、おじいちゃん、おばあちゃん、きょうだい、学校の先生、学校や近所の友達、だれにでもいいから、はずかしがらず、一人でくるしまず、いじめられていることを話すゆうきをもとう。話せば楽になるからね。きっとみんなが助けてくれる。

平成18年11月17日

文部科学大臣　伊吹文明

「お父さん、お母さん、ご家庭の皆さん、学校や塾の先生、スポーツ指導者、地域のみなさんへ」と題した文書も同時に発信され、「子どもの命を護る責任をお互いに再確認したいものです」と大臣は訴えています。

我々が育った昔と、何が変わってしまったのでしょうか。

昔は子どもを家庭が育て、学校が育ててくれ、地域社会、つまり近所のおじさんもおばさんも一緒になって育ててくれました。家庭と学校と地域社会という3つは、いつの時代でも変わらず「子どもの居場所」です。昭和40年代までの時代に比べて、今やこの3つの「育てる力」は非常に弱まってしまったように思います。たとえば、家庭力は60％に、学校力は80％に、そして子どもを育てる環境としての地域社会力は40％くらいに低下しているのではないでしょうか。

子どもの人格を醸成するための「居場所」の重要度は、家庭に責任があるとか学校の責任だと押し付けるのではなく、3者が全く同等の力を持ち、バランスのとれた正三角形でなければなりません。行政が力ずくでいくら「学校力」だけを引き上げようとしても、ほとんど解決出来ないでいる理由がここにあります。

私が子どもの頃、近所のお寺の住職であったボーイスカウトの隊長は、子どもたちを集めては話を聞かせてくれ、一緒に遊んでくれました。叱られた記憶もそこにあります。こうして私が出会ったボーイスカウトは、リーダーとなる奉仕者が、教育のプロではなく、地域にいる近所の大人たちでした。

核家族化で生まれた若い両親で作る家庭力を補うのは、地域社会なのではないでしょうか。子どもたちが狭い価値観の中で縮こまってしまうことのないように、大きくおおらかに育てるための役割を担うのは地域社会の力。今、我々シニアこそが弱った地域社会力に加勢出来るのではないかと思えてなりません。

子どもたちを、大きくおおらかに育てるための役割を担うのは、地域の力。地域の大人たちが、近所の子どもたちを見守り、地域活動や野外活動、奉仕活動などを行っています。この新年の合同集会に集まった私の所属する千葉県市川市にあるボーイスカウト連盟市川第3団は、総勢約160名。日本全国に、こうした団が約2600あります。

02 「地域社会力」の復活が今こそ望まれる！

子どもにとって地域社会こそは、人とのふれあいによって人格を形成し、多岐にわたる価値観を目の当たりにすることによって自分の個性を気づかせます。さらには生きていくことの喜びや思いやりを学ぶことが出来る場となります。

今、日本は国連から、「教育競争社会」の行き過ぎを指摘されています。国連から日本政府への審査では、「高度に競争的な教育制度のストレスで子どもは発達障害にさらされている」としてその是正《ぜせい》を勧告されたのです。

大人社会が夢中で精進せざるを得なかった、戦後65年の負の遺産——。

「働け！　働け！　追いつき追い越せ！」で先進国の仲間入りを果たしたのは生活向上のためでした。その結果「1億総中産階級」となり、浮かれた末にバブル後の金融不安を経て、次に登場したIT革命。競争が常であり、競争が行き過ぎれば、「徳育《とくいく》」や「個性」や、もちろん「人を思いやる心」は無駄なこととしてカットされます。国連の条約にある「文化的アイデンティティ」や「国民的価値の尊重」も競争の役には立たないからです。

これらの皺寄《しわよ》せが、子どもたちに重くのしかかってしまいました。

「徳育軽視思想!」「何でも順番をつけたがる相対(競争)評価主義!」この2つが深刻な負の遺産であると思うのです。

しかしながら、この皺寄せは、ひとっ飛びに「今の子どもたち」に影響したわけではなさそうです。今の子どもたちの「親世代」の多くが、すでにこの皺寄せを色濃く受けていて、自分たちの子どもを育てる段階になっても、しつけや文化を教える自信が持てないという悲しい現実が表れたのです。

いつの世も子どもは大人の背中を見て育ち、大人の歪《ゆが》みは社会的弱者である子どもが背負い、犠牲者となってしまいます。このことを大人が自覚し、地域社会のすべての大人、つまり子どもたちの親も、またその親も全員で次代を担う大切な子どもにもっともっと温かい眼差しを向けることが出来たなら、困難な青少年問題はきっと解決の方向に向かうに違いありません。

ボーイスカウトでは、小学5年生の9月になると**「ちかい」を立てる**儀式を、自然の厳《おごそ》かな雰囲気の中で行います。この「ちかい」は、誰かに対して誓うのではなく、**自分自身の心に誓う**ところに重要な意味があります。そしてこれはボーイスカウト教育の核心部分なのです。

私が責任者を務めるボーイスカウト団の小学生と中学生年代を対象にした2つの隊（クラス）では、「ちかい」や「おきて」と共に「いじめ」についても地域の大人である隊長が、子どもたちに熱く語りかけています。

こんなことは、昔はボーイスカウトでなくとも、地域社会で当たり前に行われていました。まさに子どもへの「徳育」は大部分を地域社会が担っていたのではないでしょうか？　地域社会力の復活が今こそ望まれます。

自分の心に「ちかい」を立てる小学5年生

ボーイスカウトでは、どんな時も、どんな場面においても、その活動の基盤には「ちかい」と「おきて」の実践があります。**「ちかい」は自分自身に対して「他の人々をたすけます」「徳を養います」などを誓うもの。「おきて」は、自分自身の行動を律するものです**（写真は小学校5年生のスカウトが厳かな雰囲気の儀式の中で「ちかい」を立てている様子です）。

スカウトの「ちかい」

私は名誉にかけて次の三条の実行をちかいます

一、神（仏）と国とに誠を尽くしおきてをまもります。
一、いつも、他の人々を助けます。
一、からだを強くし、心をすこやかに、徳を養います。

スカウトの「おきて」

1. スカウトは誠実である
2. スカウトは友情にあつい
3. スカウトは礼儀正しい
4. スカウトは親切である
5. スカウトは快活である
6. スカウトは質素である
7. スカウトは勇敢である
8. スカウトは感謝の心をもつ

公益財団法人ボーイスカウト日本連盟が定める「教育規程」より抜粋
（注　ボーイスカウトでは子どもを「スカウト」と呼んでいます）

03 「尊敬」されていますか、お父さん？

仕事一辺倒の生活から、「仕事」「家庭」「地域社会」の3つに貢献する「正三角形ライフスタイル」への変換がキーワードです。

昔は尊敬する人と言えば、

「野口英世」のとなりに「お父さん」と書かれたものです。

「学校の先生を尊敬している！」という子どももいて、自然な思いで「仰げば尊しわが師の恩、教えの庭にも早や幾年……」と歌っていたような気がします。

普段は母親に任せっぱなしでデンとかまえた寡黙《かもく》な父親もいましたし、怒鳴って殴って恐い父親もいましたが、どうやらこれは父親としての「威厳」を守ることが家族に対する責任と感じていたのではないでしょうか。だからどんなに恐い父親も、いざという時には庇護者《ひごしゃ》としての責任をまっとうすべく立ち上がり、慈愛に満ちた公平な眼差しで助言してくれる「立派な父親」をやってくれたのではないでしょうか。もちろん学校でも、勉強の出来不出来より親孝行をする子どもが偉かったし、スポーツの上手下手より弱い者を助ける子どもが褒《ほ》められたので、先生も点数ばかりで子どもを見てはいなかった。社会全体も貧しかったので、世の中を懸命に生き抜く子どもに対して、学校の先生は少しでもその子の秀でたところを見つけて、なんとか励まし、褒めてくれたんだと、今になると思えます。そして近所のおじさんおばさんも、たぶんこの先生方と同じような思いで自分の子どもに限らず「子ども」を守ってくれていました。

子どもを育む**「家庭」**と**「学校」**と**「地域」**。これらがバランスよく正三角形を作っていたからこそ、道徳、礼儀、思いやり、清貧、長幼《ちょうよう》の序《じょ》など絶対に変えてはならない教えが暗黙の了解で決まっていました。その正三角形こそが、利己主義、放任主義、物欲主義、過度な競争主義など、ギスギスした現代の大人の処世術に翻弄《ほんろう》される子どもを守ってくれるのではないでしょうか。

果たして今、我々シニアもその息子も、子を持つ一人一人の父親が子どもたちからあの頃のように尊敬されているでしょうか。

私の提案はここでもまたこだわるようですが「正三角形」。

仕事一辺倒の生活から、**「仕事」「家庭」「地域社会」**の3つに貢献する「正三角形ライフスタイル」へ。時代を憂《うれ》う前に、自分の生活をこの観点に切り替えて、「家庭」と「地域社会」でも子どもに背中を見せ続けることが出来たなら、「尊敬」の言葉が自然によみがえるものと確信します。

私自身の経験から、例え猛烈ビジネスマンであっても**「父親の正三角形ライフスタイル」の具現化**が可能であることを実感しています。

ボーイスカウトでは、私と同じ大勢の父親指導者や母親指導者が、家庭だけでなく地域社会の子どもたちを一緒に育くんでいこうと、日々微力を尽くしています。ボーイスカウトの前身である少年団日本連盟の初代総裁の後藤新平翁《ごとうしんぺいおう》が掲げた「自治三訣《じちさんけつ》」を実践出来る社会人に育てることをスローガンにしています。

後藤新平「少年団と自治精神」より抜粋

自治の精神こそは、国家の土台石であり、社会の柱である。土台石と柱とがしっかりしてはじめて健全なる文明が建立されるのであります。

自治三訣（じちさんけつ）

人のお世話にならぬ様。
人のお世話をする様に。
そして報いをもとめぬ様。

これは、自治の三訣として、私が少年時代から、心掛けて来たモットーであります。少年団の行くべき道も、このほかにはありません。

少年の教育機関としては、学校もあれば、家庭もある。しかし少年の心に、最も偉大なる感化を及ぼすものは社会の教化である。学校と家庭と社会。この3つの力で少年は、教化されるものでありますが、少年団とは、実にこの3要素を合わせた、自治の訓練場また一大倫理運動場であります。

かかるがゆえに少年団は、軍隊の準備教育ではない。また外国の流行に誘惑され

たものでもない。実に自治的国民を養成すべき、社会の土台石であって、少年団の自治が、やがて国民の自治となり、ついに文明社会の柱となるのであります。

さて、少年団の事業は、国家的であり、社会的であり、同時に文明的であります。しかしてこの重大なる使命は、少年の心のごとくに、大自然と共に動き始めて達成し得るものであります。少年の心理は、大哲学者のそれのごとく大自然の秘密をたたえている。この極めて自由にして奔放なる天性と、無邪気にして、真面目なる発動とが、少年団の生命である。いわゆる詰め込み主義の教育を離れて、自然の大気を呼吸しつつ、少年と共に楽しむという心持ちが、少年団の真面目であります。昔から『教えるは学ぶの半ば』というが、少年団員と指導者、また団員たがいに師となり弟となり、和気あいあいたる社交の一団をつくることによって、少年団の自治は成立するのであります。（大正11年）

後藤新平（ごとうしんぺい）1857～1929年
政治家・医師。伯爵。満鉄初代総裁。逓信大臣、内務大臣、外務大臣。東京放送局（現・日本放送協会）初代総裁。拓殖大学第3代学長。東京市第7代市長。ボーイスカウトの前身である少年団の日本連盟初代総裁。

関東大震災後に内務大臣兼帝都復興院総裁として大きく貢献した。

04

「玉石混交《ぎょくせきこんこう》の子どもだから、褒めて育てる」

絶対評価教育・他の人との比較ではなく、その子の能力の中で、どれだけ努力したかを評価します。

近所のおじさんが子どもを8人集めて徒競走《ときょうそう》（かけっこ）をさせました。「ヨーイドン！」、いつもはビリの子が懸命に走って後ろから2番目でゴールインしました。そして、体力に自信のある子はキョロキョロ脇見をしながら走って1番になりました。さて、どちらの子を褒めるべきでしょうか？　ほとんどの大人は「競争だから！」と1番の子に賞品を渡すのでしょう。でもこの近所のおじさんは、迷うことなく後ろから2番目の子に皆の前で賞品を渡しました。渡された子は「何で1着でもない僕なのだろうか？」と不思議に思い、1番の子は「なぜ僕じゃないのか？」と面白くありません。くだんのおじさんは、1着の子を呼んで2人だけで話をしました。「君は、おじさんが何故彼に賞品をあげたかわかるかい？　彼の今日の走りをどう思う！」と問いかけました。「偉いなぁ！　いつもビリなのにとっても頑張ったのでビックリした。あっそうか、そういうことなのか……」と1着の子。「で、君は一生懸命走ったの？」「だってあの8人だったら適当に走っても1番になるに決まっているから」。

学校でも塾でもスポーツクラブでも、そして家庭でさえ、今の子どもの居場所では、そのプロセスが全て無視されて、他人との比較で結果が上の順番なら褒《ほ》められ、下位だとダメ扱いされてしまいます。たとえ話が悪くて恐縮なのですが、この話は実話でして1着の子は私の息子でした。

ボーイスカウトでは**「絶対評価教育」**をとても大切にしています。他の人との比較で良いとか悪いとか評価する「相対評価」ではなく、**その子の能力の中でどれだけ努力をしたか、を評価する教育法です。**ボーイスカウト教育の基本は「群」の中の「個」を大切に、つまり「隊長（指導者）と1人のスカウトの関係！」の集積体なのです。

知力、体力、応用力が（均等にある）正三角形の子どもは稀《まれ》です。それぞれの「力」が玉石混交《ぎょくせきこんこう》なのです。でも、どんな子どもでも1つや2つの玉や、磨《みが》けば玉になる石を持っています。そこを見つけて努力をさせ、褒めてあげるのです。

50年間もボーイスカウトの指導者を続けた尊敬する先輩で、教員が本業だった方がおられます。その方が後輩に熱く語られました。「今、学校教育は駄目でしょう？　私も学校教育の現場にいましたが、『落ちコボレ』を絶対作りませんでした。1人学校へ来なければ授業を自習にしてでも迎えに行きました。『落ちコボレ』を作ったら学校教育は失敗だと思っています。優等生がいたって『落ちコボレ』が出来たら駄目だ！　義務教育として皆幸せにならなくちゃいけない。平等っていうのはそういうことじゃないですか。優等生を作った。部活動で1番にさせた。と言ってそれを誇らしげにしているよりも、『落ちコボレ』を1人でも少なくすることの方が大事です。だからこのボーイスカウトの教育法やその精神を関係者は誇りに思わなくてはいけない！」と。

カブスカウトの「やくそく」

ぼく（わたくし）はまじめにしっかりやります
カブ隊のさだめを守ります

カブ隊の「さだめ」

1 カブスカウトはすなおであります
2 カブスカウトは自分のことを自分でします
カブスカウトはたがいに助けあいます
カブスカウトはおさないものをいたわります
カブスカウトはすすんでよいことをします

■小学校2年生から5年生のカブスカウトは
自分自身の心にこうした約束をしています！

公益財団法人ボーイスカウト日本連盟が定める「教育規程」より抜粋

ビーバースカウトのモットーは「なかよし」。そしてカブスカウトのモットーは「いつも元気」だ。ステップ章やチャレンジ章があり、隊長は、その子の能力の中でどれだけ努力したかでバッジを授与する（絶対評価教育）。写真は、「よく頑張ったね！」と、隊長がスカウトを讃えている様子。

05 違う年齢の小グループが子どもを育てる

ボーイスカウト教育❶班制教育（パトロールシステム）

体系的な教育システムで地域の青少年を教育します

日曜日の昼下がり、タンポポの咲く団の野営場広場で中学3年生の班長を中心に記録、会計、安全、備品、環境などの係の任務を分担するスカウトが車座になって班会議を開いています。班長の横には班の名誉を象徴する班旗《はんき》が立て掛けてあります。班のメンバーは小学6年生から中学3年生まで年齢の異なる8人の子どもたちです。この日の議題は、2週間後に迫った隊キャンプの目的と班員の任務についてです。ほかにも年間プログラムの来月の予定や各自の進級問題も話し合わなければなりません。課題は山積み。

中3の班長はテキパキと議事を進めていきたいのですが、下のクラスのカブ隊から上進して間もない小学6年生は勝手がわからずにドギマギしています。すると、それを見かねた中2の次長が、隣に座って小声で班長の言うことをていねいに解説してあげはじめました。

もちろん、この車座の中には指導者の姿はなく、離れたところから慈愛の眼でそっと見守っています。

このようにボーイスカウトでは、異年齢で構成する縦社会の小グループの班を単位として、子どもの自発的活動を促《うなが》す仕組みを教育システムの柱に据えています。この班の中で**子ども同士が協力し、励まし合いながら班の目標を達成する**のです。「行うことによって学ぶ」。自己の「進歩課目」を習得していく過程を通して、リーダーシップやフォローシップを学び、子ども同士の友情を育んでいきます。指導者の任務はあくまでもその手助けであり協力者なのです。

私の団のボーイスカウト隊では、4つの班が競い合いながら年間プログラムを消化していきますが、一見《いっけん》して「団体教育」と思われがちな仕組みの中で、隊長は30人のスカ

ウトの一人一人の資質、性格、家庭環境などを把握していて、「個々のスカウトが自身の能力に対してどれだけ努力をしているか？　どれだけ進歩を遂げているか？」に常に注目しています。「群」の中の「個」を大切に、つまり「隊長と1人のスカウトの関係の集積体」であるゆえんがここにあります。

この**「班制教育」（パトロールシステム）と次項の「進歩制度」（バッジシステム）がボーイスカウト教育の2大制度**であります。

しかし誠に残念ながら、世の中のほとんどの人は、ボーイスカウトが「制服を着て、募金をしたり、キャンプをしている」ぐらいにしか認識いただいていないのが現状ではないでしょうか。

「体系的な教育システムで地域の青少年を長期的に教育しているボランティア団体」という肝心な内容をぜひお伝えしたいものです。

この残念な現状について、関係者の1人として努力不足を猛省することしきりの今日この頃です。

ボーイスカウト教育の「基本方針」

ちかいとおきての実践を基盤とし、
ベーデン-パウエルの提唱する班制教育と、
各種の進歩制度と野外活動を、
幼年期より青年期にわたる各年齢層に適応するように
ビーバースカウト、カブスカウト、ボーイスカウト、
ベンチャースカウト及びローバースカウトに分け、
成人指導者の協力によってそれぞれに即し、
しかも一貫したプログラムに基づいて
教育することを基本方針とする。

公益財団法人ボーイスカウト日本連盟が定める「教育規程」より抜粋

オーバーナイトハイク

ボーイスカウト名物（？）「オーバーナイトハイキング」では、綿密な計画のもとに、夜を徹して30～50kmのハイキングをします。子どもたちにとっては**体力的にも過酷なハイキングですが、班活動として助け合いながら乗り越えたときに得る仲間意識や達成感、そして自分に対する自信**は、大人の想像を超えるものがあります。写真はチームワークを発揮して見事優勝した班。

06

努力を褒《ほ》められて証《あかし》のバッジを貰《もら》ったら子どもたちはさらなるヤル気で頑張れる！

ボーイスカウト教育 2 進歩制度（バッジシステム）

子どもの成長に合わせ興味を持続させながら楽しく学びます

大志館と呼ぶ団の小さな建物に1人の中学生と大人5人が姿勢を正して座っています。国旗儀礼や中学生の「ちかい」と「おきて」の発声後に、「隊長から申請がありましたので、菊スカウト章取得のための団面接を始めます。最初に隊長から申請理由を説明していただきます！」と進行役。隊長の説明の後で私は「君は勉強や部活をしながらよく頑張りましたね！　本日君の団面接を行うことをとても嬉しく思います。ボーイ隊最上

位の菊スカウト章の進歩課目で一番苦心したところは何でしたか？　面接員の皆さんに説明をしてください」と団委員長として促します。この面接は、「ふるい」にかけるのではなく、本人の能力に応じた努力の経過や優れたところを見出して褒《ほ》め讃《たた》え、さらなる「やる気」をかもし出すように激励することが目的なのです。そして何より大切なことは、子どもの人格を尊重して大人が紳士的な言葉で語りかけるところにあります。この面接を受けた子どもは、やがて市川市長から顕彰《けんしょう》を受け、さらに上位の「千葉県連盟隼《はやぶさ》章」を取得すると県知事から、そして最高位の「富士章受章スカウト」になれば総理大臣から顕彰を受け、皇太子殿下から励ましのお言葉をいただいたりします。

　このように幼稚園年長から成人に至る子どもの成長に合わせて、興味を持続させながら楽しく履修《りしゅう》出来る一貫したプログラムシステムが開発され、ボーイ隊では、メンバーシップ・家庭・公民・世界友情・健康・救護・クラブ活動・外国語・ハイキング・キャンピング・冒険・自然愛護・近隣奉仕等、53種類３１８項目もの課目が用意されています。これらの仕組みを「進歩制度」すなわちバッジシステムと呼び、課目をクリヤーする毎にバッジを授与します。

創始者である英国人ベーデン-パウエル卿が、１００年前にたった20人の子どもと始めたこの運動は、２１６もの国と地域で２８００万人という世界最大の青少年健全育成団体になりました。この発展に寄与した最大のノウハウは、創始者が考案した小グループ縦社会の「パトロールシステム」（班制教育）と「バッジシステム」（進歩制度）にあることは先に述べました。「冒険が伴う大自然を舞台に班旗を立てて異年齢の子どもの班が、次長を先頭に班長を真ん中にして威風堂々《いふうどうどう》と目を輝かせて楽しそうに進んで行く！　子どもたちの制服には、努力と進歩の証である沢山のバッジが輝いている！」このイメージこそが、ボーイスカウト教育の基本像なのです。

去る２００７年5月26日に挙行《きょこう》された創始１００周年記念レセプションで、多くの善意のボランティア指導者は、皇太子殿下より「次の１００年に向かって青少年のためにさらなる尽力をお願いしたい！」と激励されました。

※菊章について：ボーイスカウトの「進歩制度」において、青少年が必ず身につけるべき修得課目を修了することで進級する章（バッジシステム）があります。ボーイスカウト（中学生年代）の最高位に位置するのが「菊章」であり、ベンチャースカウト（高校生年代）の最高位は「富士章」、その一歩手前に「隼章」があります。自己管理、健康、社会生活など活動の実績や模範となる日常で審査されるため取得が難しく、ボーイスカウトの中のエリートとされています。これらは自隊の隊長が認定し、団委員長を通じて地区組織へ申請し、地区または都道府県連盟の面接会を経たあとに記章と進級証が贈られます。

スカウト教育の特性「行うことによって学ぶ」

教育の方法としては、青少年が、知識、技能、心構えを身につけるために「行うことによって学ぶ」こととする。

◎「班制教育」

教育の方法としては、班などの小グループによる活動を通じて、青少年が責任感や信頼性、指導性や協調性などを育み、社会の一員として自らの役割を果たすことができるように「班制教育」を行うこととする。

◎「進歩制度」

教育の方法としては、青少年の自発活動と目標達成への挑戦意欲を促し、発達段階に応じて調和の取れた成長を図るために「進歩制度」を活用する。

◎「野外活動」

教育の方法としては、青少年が大自然の神秘に触れ、畏敬の念を体感することによって信仰心の芽生えを促し、忍耐力や体力を鍛え体験活動を実践できる野外を主たる「教場」とする。

公益財団法人ボーイスカウト日本連盟が定める「教育規程」より抜粋

ボーイスカウトでは、進歩のステップが上がっていく段階でそれを認証するために団委員長を中心に「団面接」が行われます。進歩課目で苦労したことや学校の話題、最近の興味など、さまざまな面から質問をしますが、これは**本人の能力や努力のプロセスを見出して褒め讃え、激励することが大切**であります。子どもの人格を尊重して紳士的に語りかける厳粛な面接です。

07 自然こそが、子どもを育む教育の場！

ボーイスカウト教育③野外活動

自然に生かされていることを実感します

世界最長２０４㎞のソグネフィヨルドを航行する船中で、北欧の人々が如何に自然を尊び、自然と共生してきたかについて熱のこもった話を聞きました。スカンジナビア諸国はボーイスカウト運動の盛んなところで、２０１１年には第22回世界スカウトジャンボリー（世界大会）が、スウェーデンで開催されます。

ボーイスカウトの舞台が大自然であることを前項で書きましたが、人間が自然界に生息する動物の一種族であることを考えれば、わざわざボーイスカウトの舞台が大自然であることを強調するまでもなく人間そのものの舞台が大自然である訳です。しかし、あまりにも近代文明の利器に浸《ひた》り切った我々は、日常生活の中で、ともすればこのことを忘れがちです。しかしながら一旦事が起これば、自然の脅威の前で文明の利器は何の役にも立ちません。これまでの大地震でそのことを思い知らされました。

ボーイスカウトの基本方針の中に「班制教育と各種の進歩制度と野外活動」を規定していますが、これは、班制教育と進歩制度を、野外活動つまり自然を教育の場として実践しなければならないことを示しています。

予測し難い天候や地形、さらには自然災害、それらの状況に遭遇したときに如何に対処すべきか？「衣食住のサービスを自ら行いながら所期の目的を完遂するためには、出来るだけ多くのサバイバル技術を身につけておくことが大切です！」。火おこし、炊飯、縄結び、テント張りなどが、幾多の技能の中でも一番の基本になっています。そんなことから、私が責任者を務める市川第3団も土地所有者のご好意で拝借した2ケ所の専用野営場を有効活用して、楽しさの中から各種の教育訓練を行っています。

このようなボーイスカウト活動を通じて、自然への憧《あこが》れや自然への畏敬《いけい》の念を持ち、

自然に生かされていることを自覚することが出来るようになります。そして、自然に対して常に謙虚な姿勢を保ちながら自然と共生出来る社会人になっていくのです。こんな教育が出来たなら、素晴らしいことはありません。このことは、超自然界の存在を認識することにも繋がることではないでしょうか。それについては、信仰奨励に関する次の項で書くつもりです。

ところで「日本熊森協会」という素晴らしい団体がありますが、ご存知でしょうか。この協会は、尼崎市立武庫東中学校生徒の自発活動と理科の森山まり子先生のご指導が起爆剤《きばくざい》になって設立されたそうです。「自然共生」と「自発活動」はボーイスカウトの専売特許である筈ですが、この中学生には脱帽です。森山先生にももちろん脱帽です！この人々は、きっとボーイスカウト手法を使わなくともその本質を会得された方々なのでしょう。

１２０名が参加する我が市川第3団45周年記念キャンプのテーマは、「クマ森にかえろう！」になりました！

こんこんと水がわき出る森が消えるとき、
すべての産業、都市が消える……
わたしたちの命は森にささえられています。
日本を自然保護大国に！
でなければ21世紀は生き残れません。
クマの棲《す》む豊かな森を次世代へ……

日本熊森協会冊子「クマともりとひと」から

ボーイスカウトの世界スカウト機構事務局はスイスのジュネーブにありますが、**スカンジナビア諸国もボーイスカウト運動の盛んなところです。**ボーイスカウトの教場が大自然であることを思うと、このノルウェーのゲイランゲルフィヨルドの素晴らしい景色もその理由に思えます。自然と共生するための身体、心構え、そして自然と共生するためのサバイバル技術を身につけること、こうしたボーイスカウトの活動は世界の子どもたちに共通です。

08

ボーイスカウトの信仰奨励とは？

宗教心を醸成することの大切さと大自然に生かされていることを自覚する「超自然信仰」です。

ボーイスカウトでは、ボーイ隊に上進する時に「ちかい」をたてる儀式を自然の厳《おごそ》かな雰囲気の中で行う慣《なら》わしがあることを2項で書きましたが、この儀式で「私は名誉にかけて、次の三条の実行を誓います。一《ひとつ》、神（仏）と国とに誠を尽くしおきてをまもります。（以下省略）」と、自分自身の心に向けて声を発して宣誓をします。

我が国のボーイスカウト教育のバイブルである教育規程には、「加盟員が、それぞれ明確な信仰をもつことを奨励する」とあり、一方では「特定の宗教団体を支持せず、またこれらの団体からの制約も受けない」と明記されています。

ボーイスカウト運動は１００年前に英国で創始され、その15年後に我が国に導入された訳ですが、創始者ベーデン-パウエル卿は、「スカウトたちは毎日の生活で礼節を重んじ、神への義務、仲間への義務、そして他人への義務を果たすようになり、スカウトたちがそれらの義務を遂行することが何よりも重要である」と説きました。そして「神よ我々の偉大なる女王陛下を助けたまえ！」と国歌で歌われ続けているように、英国民にとっては「神と国とに誠を尽くし」の言葉は、ごく当たり前に浸透しているのであろうと思います。

しかしながら、圧倒的に無神論者が多く「困った時の神頼み！」を得意とする国民性などと言われている我が国においては、この「神（仏）」を子どもたちにどう説明し、指導していくかが実に難しい課題であります。

私の所属する団では約１００名の地域の子どもたちが活動していますので、毎年９月の上進時期になると新しく「ちかい」をたてるスカウトに「君の家の宗教は？　信仰は？」と聞くことになりますが、ほとんどの子どもは「知らない！　わからない！」と答えます。そういうスカウトには、いきなり特定の宗教を信仰するのではなく、いわゆる**宗教心を少しずつ育てることが大切であると指導しています。**自然を舞台にしたボーイスカウト活動を通じて自然への憧れや畏敬の念を持ち、**大自然に生かされていることを自覚して謙虚な心を持つことはその第一歩**と思います。そして自然と共生する姿勢を育むことにより超自然界の存在への信仰、つまり「超自然信仰」とでもいうべきライフスタイルを身につけることを奨励する努力をしています。

結婚式は教会で、子どもが生まれたら神社へ、そしてお葬式はお寺でと、ごく自然にいろいろな宗教施設にお参りする習慣は、見方を変えれば日本人特有の良き習慣でありますから、それを「宗教心」に高めることが出来ればと思う訳です。

宗教

◎信仰の奨励

本連盟は、本運動に参加する者が明確な信仰をもつことを奨励する。

◎スカウツ・オウン・サービス

スカウツ・オウン・サービスは、本運動に参加する者各自の信仰心を高揚するために行われ、それは「ちかい」と「おきて」の実践をより深めるものである。（注：スカウツ・オウン・サービスとは、「スカウトが自分自身を高めるための自分への奉仕」の意味）

◎宗教団体との関係

本連盟は、特定の宗教団体を支持せず、これらの団体からの制約を受けない。

――中略――

◎宗教儀礼への参加奉仕

指導者は、いかなる場合においても、スカウトが所属し、又は信仰している教宗派以外の宗教儀礼に参加させ、あるいは、その行事に奉仕することを強要してはならない。

公益財団法人ボーイスカウト日本連盟が定める「教育規程」より抜粋

『地域力だ！ボーイスカウト』読者の皆様へのお知らせ

本書は、月刊誌「えくせれんと」に２００７年から２年間掲載されたものに、一部加筆してまとめたものです。特に、１１１頁から１１４頁の「ボーイスカウト全国大会に日本が再び立候補」の文章は、２００８年に書かれたものです。その点、ご注意いただきたくお願い申し上げます。

また、左記の誤植がありました。誠に申し訳ありません。不注意をお詫び申し上げ、訂正いたします。

日賀出版社

●正誤表

頁	行	誤	正
６５頁	c７	スカウツ・オウン	スカウツ・オウン・サービス
９９頁	７	スカストわれらの	スカウトわれらの
９９頁	１４	スカストわれらの	スカウトわれらの
１２１頁	１	自閉証	自閉症
１４４頁	７	ボースカウト	ボーイスカウト
１４７頁	６	『偵察と斥候』	『偵察と斥候』
１４８頁	１６	ボーイス	ボーイズ
１５１頁	１１	世界成人資源方針」	世界成人資源方針

cはキャプション、写真説明文の略

日常のスカウト活動では、**自然の神秘や、大自然を目の前にした謙虚な気持ちなど、人の力ではおよばない大きな力への信仰心**ともいえる心の芽生えを感じるようになります。「スカウツ・オウン・サービス」とは、スカウトが**自分自身を高めるための自分への奉仕という意味**です。写真は日の出の時間に実践されたスカウツ・オウンの厳粛な様子です。

09

ひとつの世界　ひとつのちかい　世界最大の青少年の祭典、世界スカウトジャンボリーから

国籍、言語、人種、宗教を超えた国際友情を築きました。

「僕が配属されたゲストサービスの仕事で最も印象に残っていることは、ウィリアム王子が会場にお見えになられた際に王子のご一行が通る道を警護し、イギリス王室の方々を身近に拝見することが出来たことです。この体験は国際サービススタッフならではの事だったと思います。（中略）後輩スカウトたちには世界スカウトジャンボリーでしか味わえないであろう雰囲気と感動、異文化などを体験してもらいたいと思います！」

（男子大学生）。「キャンプ自体は11日間で、数字にすると長く感じるかもしれませんが、実際はかなり短いものでした。その中で知り合えた人たちは、もう一生逢う事はないと思います。しかしこの世界スカウトジャンボリーを通して出逢えたこと、そのものが私にとって大きなプラスになりました」（女子高校生）。

これは、創始100周年を記念して発祥《はっしょう》の地イギリスのエセックス州で2007年7月28日から8月7日に開催された第21回世界スカウトジャンボリーに、私が責任者を務める団から7名のスカウトが参加しましたが、そのスカウトから後輩に向けたメッセージです。

「One World, One Promise　ひとつの世界、ひとつのちかい」のテーマのもとに153の国と地域から3万8000人（内女性40%）が参加した世界最大の青少年の祭典で、日本からも1500名のスカウト・指導者が参加しました。長期間のキャンプ生活の中で様々なアクティビティに挑戦し、また、様々な交流プログラムに参加しながら、国籍、言語、人種、宗教を超えた国際友情を築きました。この友情の輪が広がり、さらに国際貢献へと進化を遂げたその時にこの地球上から戦争がなくなることでしょう。創

始者ベーデン－パウエル卿の願いはここにあった訳です！

　重ねて述べますが、20名の少年たちで始まったスカウト運動が、今では、216の国と地域で2800万人もの仲間の輪になりました！　国連加盟国が192カ国、アテネ・オリンピックの参加国が207カ国ですから、216という数字の大きさがわかるというものです。千葉県の市川市からも世界中のボーイスカウト・ネットワークに繋がっているという訳です。

　先年私の団の女子大学生が、「開発学を学び貧困削減に寄与したい」との目的を持ってアメリカの大学院を受験することになりました。アメリカではボーイスカウトの責任者が大学入学の推薦状を書くことが慣習化していることから喜んで書いたことがありました。

　このように、青少年のためのボーイスカウト運動が地球規模でどんどん広がりつつあります。

スカウトの海外渡航に関する基準

海外渡航についての基本精神は、加盟員が国際的理解を深めるとともに、国際親善の増進に寄与し、「スカウトはすべて兄弟」であるとの理念の体得に役立てられるところにある。

加盟員の海外渡航は、スカウトのプログラムに関連を持つことは勿論、スカウトの「ちかい」と「おきて」を実践することを旨としなければならない。

公益財団法人ボーイスカウト日本連盟が定める「教育規程」より抜粋

４年に一度開催される世界スカウトジャンボリーは世界最大の青少年の祭典です。2007年は、創始100周年を記念してボーイスカウト発祥の地イギリスのエセックス州で開催されました。153の国と地域から3万8000人が参加し、日本からも指導者を含めて1500人が渡航しました。これは国際サービススタッフとして活躍したＦ君のスナップショットです。**長期間のキャンプ生活での交流プログラムは、確実に国籍や人種や宗教を超えた国際友情を築きました。**

10

「そなえよつねに」は、世界中のボーイスカウトのモットー！

いつどのような事態であっても最も適した対応が出来るようにしています。

日本で昔から言い伝えられて来た「備《そな》えあれば憂《うれ》いなし」は物事の道理を示していますが、世界中のスカウトが共通のモットーにしている「そなえよつねに（Be prepared)」は「いつどのような事態であっても最も適した対応が出来るように、常に準備や訓練を怠らないように！」と、スカウトの日常生活のあり方について示唆《しさ》を与える言葉であります。

古い話で恐縮ですが、創始者ベーデン-パウエル卿は、著書『スカウティング・フォア・ボーイズ（SCOUTING FOR BOYS　1908年初版、1963年決定版）』の中でスカウトに次のように教えています。

「『そなえよつねに』のモットーを覚えていたまえ。起こりそうに思われるいろいろな事故の対策を前もって習って、事故が起こった瞬間に正しい対策が出来るように備えておきたまえ。私がいろいろな種類の事故にどうしたらよいかを教えるから、出来るだけよくそれを練習しておかなければいけない。しかし、君たちスカウトにとって大切な心掛けは、どこにいようと何をしていようと『ここではどんな事故が起こるだろうか？』そして『もし起こったら何が自分の義務だろうか？』といつも考えることだ。そして、本当に事故が起こったら、誰よりも先に助けに行くのがスカウトの『つとめ』だということを覚えておきたまえ。他の人に先を越されてはいけない」と。つまり**「緊急事態と人命救助」に備え、「勇敢なる義務」を負うこと**を示しています。

一方、1911年（明治44年）イギリス国王ジョージ5世の戴冠式《たいかんしき》に参列するためロンドンを訪問した乃木希典《のぎまれすけ》大将（日露戦争で有名、後に第10代学習院院長）は、7月1日ハイドパークで500名のスカウトを前にこう述べています。

「君たちは、何をするにしても熱心かつ誠実であるので、将来必ず立派なイギリスの国民になるであろう。私が少年時代に教えられたところによれば、男子は他の人が恐れたり避けたりすることを、進んで断固として行うべきである。そうするためには、いつも身体を鍛えて頭脳を磨き、思いやりを深め勇気を養って、他の人々から信じられるようにならねばならない。ところがボーイスカウトの諸君は、その通りのことを実行し、世の人々から尊敬信頼される徳を着々と積み重ねている。従って、君たちはこれから成長するにつれてイギリス国家の名誉をますます高めるようになるに違いない」と、まさしくこれこそ「そなえよつねに」の本質なのです。

　このように、もともとイギリスの騎士道や日本の武士道精神に根ざした「そなえよつねに」でありましたが、物が溢《あふ》れ便利過ぎる生活環境や自分中心思考が当たり前の現代日本社会の大人の影響で、子どもも「そなえよつねに」の本当の意味を実感し難く、「そなえなくても困らない？」になりがちなのです。そんな中にあって、あの忌《い》まわしい阪神・淡路大震災では地元兵庫連盟を始め、全国のボーイスカウト関係者が大勢寝食《しんしょく》を忘れて活躍しました。私が永年役員を務めるボーイスカウトの千葉県連盟では、大震災を機会に「そなえよつねに」精神を具現化することになりました。スカウトには日頃から災害に対する問題意識を持ち続けるための教育を、そして大人は災害発生時に直ちに近隣県に支援チームを派遣するための訓練を実施する「災害教育・支援体制」を創設して、ややもすれば形骸的《けいがいてき》になりがちな「そなえよつねに」のモットーを蘇《よみがえ》らせるための効果も期待した訳です。全国初のボーイスカウトによる災害対応システムを構築するための組織責任者として、懸命だった日々が昨日のように思い出されます。

２０１１年3月11日、突如として東日本大震災が起こりました。言語を絶する出来事でありましたが、日頃の「災害教育・支援体制」の準備のお陰で直ちに千葉県内の被災地に大勢のボーイスカウトが支援に出動しました。

「モットー」と「スローガン」

◎スカウトの「モットー」は、次のとおりとする。
そなえよつねに（備えよ常に）

◎ビーバースカウトの「モットー」は、つぎのとおりとする。
なかよし

◎カブスカウトの「モットー」は、次のとおりとする。
いつも元気

◎「スローガン」は、次のとおりとする。
日日の善行

公益財団法人ボーイスカウト日本連盟が定める「教育規程」より抜粋

ボーイスカウトのモットーは「そなえよつねに」（Be prepared）です。創始者ベーデン-パウエル卿は著書の中でスカウトに対し、「このモットーを覚えていたまえ。**起こりそうに思われるいろいろな事故の対策を前もって習って、事故が起こった瞬間に正しい対策が出来るように備えておきたまえ。**私がいろいろな種類の事故にどうしたらよいかを教えるから、出来るだけよくそれを練習しておかなければいけない」と言っています。写真のような自製のイカダでの水プログラムも、そなえよつねにのモットーがあるからこそ、安全確保が万全で楽しく実践することが出来るのです。

11 団は地域の家族！

親子3代同居の家族のように、
多種多様な老若男女が、
多種多様な価値観をもって地域の子どもに影響を及ぼします。

10月のある日曜日の午後、公民館の会議室に大人が大勢集まって真剣な眼差《まなざ》しで集会を開いています。この集会は全国に約2800も存在するボーイスカウト組織の基本単位である「団」の1つである私の所属団の年に一度の育成会総会なのです。全員が市内在住の人々で、制服を着た人は指導者、私服の人は育成会員と呼ばれるスカウトの保護者と趣旨に賛同された地域の人たちです。不思議なことに制服着用の人が4分の3を占めています。

一言で申せば、ボーイスカウトは、ベーデン-パウエル卿が開発した手法を使って**地域の大人が、その人格を通じて地域の子どもを継続的に育む運動**であります。そして、「地域力の復活が望まれている」ことを、これまでさまざまな角度から書かせていただきました。

私の所属団は、幼稚園から大学生までの男女スカウト１００名に、経営を担当する団委員と称する指導者やスカウトの教育を担当する指導者の70名が所属し、地域社会で日々の教育活動に励んでいます。

70名の指導者の内訳《うちわけ》は、20~30歳代が18名、40~50歳代が42名、60~80歳代が10名で、全体の3割が女性と実に幅広い老若男女によって支えられています。特に50歳以上のシニア年代は、個々の年齢や得意分野にふさわしい重要な任務で30名以上が奉仕しています。職業はと言うと、サラリーマン、パートタイマー、自営業者、公務員、会社経営者、大学教員、専業主婦、悠々自適者等々誠に多種多様です。

たとえインフォーマルな社会教育とはいえ、未来社会を担う有為な子どもたちを特定の大人の偏《かたよ》った価値観や狭い視野で指導する訳にはいきません。が、ボーイスカウト指導者は、ボーイスカウトの研修機関を修了しているとはいえ、ほとんどの人は教育のプロではなく、制服を脱げば「ただの地域の大人！」ですから、一般の人々から見れば、きっと「そんな陣容で子どもの教育活動が本当に出来るのだろうか？」と思われることでしょう。

ところが、ボーイスカウトに子どもを入団させた親の育児経験ノウハウ、つまり、子を持つ親の良識と人間性には、目を見張るものがありまして、他人の子どもに対しても自分の子ども同様に熱心な無償《むしょう》の愛を注ぎ続けることが出来るのです。

我が団では１９６２年創立以来の歴史の中でそのことを見事に証明済みで、私は責任者としてこのことに大きな誇りを持つと共に絶大な信頼を寄せています。が、何よりも大切なことは、指導者の「金太郎飴的集団」を絶対に造らないことなのです。「男性ばかり」「同年代ばかり」「サラリーマンばかり」「同じ性格や同じような経歴の人ばかり」の集団であってはいけません。親子３代同居の家族のように、**多種多様な老若男女が、多種多様な価値観をもって地域の子どもに影響を及ぼす仕組み―団は地域の家族―こそが、この運動の真髄である**と確信する訳であります。

そんなことから、当団は、スカウトの親に出来るだけ指導者になっていただくようお願いしているために、前述の育成会総会における制服着用者が圧倒的に多い不思議な理由とは、保護者兼指導者が大勢出席しているということなのです。

このようにボランティア団体として「地域力」を組織的・継続的に結集することが可能であることの一例として紹介させていただきましたが、この「地域力」の源泉として、誇るべき多くの指導者の熱意に応えて私が一番腐心《ふしん》していることがあります。

それは、コミュニケーションの重要性を強く意識した「情報の共有化」でありますが、これを実現するために10年前から様々な形でＩＴを活用しています。パソコン技術が未熟なために苦労しながらも、団委員会議（経営会議）や団会議（教育会議）の資料や新入団員確保のための「リクルートフォローアップシステム」運用などの電子情報を欠かさずに発信し続けています。

団

団とは、青少年に対してスカウト教育を行うための運営上の単位をいい、加盟登録して加盟団となる。

隊とは、青少年に対してスカウト教育を実施する単位をいい、ビーバースカウト隊、カブスカウト隊、ボーイスカウト隊、ベンチャースカウト隊及びローバースカウト隊を総称し、また個々の略称としても用いる。

育成会

スカウト教育にあたっては、保護者をはじめ、教育、宗教、社会奉仕、体育、商工関係その他地域の関係者が育成団体となり、奉仕の精神をもって、スカウト教育活動を維持し発展させるため、育成会を組織する。

育成会の任務は次のとおりとする。

（1）本運動を支援し、団の育成と発展に寄与すること。

（2）教育に必要な施設と経費の責任を負うこと。

公益財団法人ボーイスカウト日本連盟が定める「教育規程」より抜粋

年に一度の団の育成会総会。育成会とは、保護者をはじめ、教育、宗教、社会奉仕、体育、商工関係その他、地域の関係者によって構成されます。奉仕の精神をもってスカウト教育活動を維持し、発展させるための組織です。こうして**育成会が地域の子どもたちを育てることに熱心な充実した団は、まさに「地域の家族」といえるでしょう。**

12 ボーイスカウトをつくった人！

「幸福を得る本当の道は、他の人に幸福を分け与えることにある」と説きました。

いじめ問題について文部科学大臣から届いた子どもたちへの手紙から始まって、「家庭力」「学校力」「地域力」が、本来正三角形であるべきで、特に地域の社会力が大きく低下してしまった今日、ボーイスカウトがそのツールとしてとても有効であること、そこではシニアの活躍が大いに期待されていること、などを綴って来ました。ここではボーイスカウトをつくったベーデン-パウエル・オブ・ギルウェル男爵（B-P）についてお話ししましょう。

１００年前の英国では、世界を制した強国にかげりが現れ、経済の疲弊《ひへい》が進行して労働者階級の若者の風紀が乱れていました。それを深く憂慮《ゆうりょ》した「南アフリカ・マフェキング包囲戦」の英雄Ｂ－Ｐは、軍隊の教育方法を若者への教育に応用し、特に野外活動を通じて教育する方法を考案して多くの著作を発表しました。代表的な『スカウティング・フォア・ボーイス』の中で**自分の少年時代の野外活動体験がとても楽しかったので、英国の少年たちにもこの楽しさを味わわせたらどうだろう**かと考え、「真に赤い血潮のたぎる少年なら、誰でも冒険と野外生活を熱望していることを私は知っているから」と述べています。

話はそれますが、ある著名な学者によると、現代の日本は豊かな物質社会に恵まれているにも関わらず、モラルが低下し、拝金主義、快楽主義といった退廃的な現象が蔓延《まんえん》しているのは、19世紀末における英国労働者階級の若者の状況に酷似しているのだそうです。

Ｂ－Ｐは、１９０７年にたった20人の少年たちとボーイスカウトを始めましたが、世界的な運動に広がるとともに「世界の総長」になり、１９３９年にはボーイスカウト運動

に対する偉大な功績が評価されてノーベル平和賞の受賞が決定されました。が、残念なことに第2次世界大戦の勃発によりノーベル賞そのものが取り消されてしまったというエピソードをすでに紹介しました。

1941年1月に永眠後、書物の中から発見された「B-Pの最後のメッセージ」は、「スカウト諸君」という呼びかけで始まります。

「ピーターパンの劇に出て来る海賊の首領と同じように、今すぐ死ぬ訳ではないが、その日は近いと思うので、君たちに別れの言葉を贈りたい」と前置きし、次のように述べています。

「私は非常に幸せな生涯を送った。それだから君たち一人一人にも同じように幸福な人生を歩んでもらいたいと願っている。神は、私たちを幸福に暮らし楽しむようにと、この素晴らしい世界に送ってくださったのだと私は信じている。金持ちになっても、社会的に成功しても、わがままが出来ても、それによって幸福にはなれない。**幸福への第一歩は、少年のうちに健康で強い体をつくっておくことである。**そうしておけば大人になった時、世の中の役に立つ人になって人生を楽しむことが出来る。自然研究をすると、神が君たちのためにこの世界を美しいものや素晴らしいものに満ち満ちた楽しいところにおつくりになったことが良くわかる。現在与えられているものに満足し、それを出来るだけ生かしたまえ。物事を悲観的に見ないで何事にも希望を持ってあたりたまえ」。そして、「しかし、**幸福を得る本当の道は、他の人に幸福を分け与えることにある。**この世の中を君が受け継いだ時より、少しでも良くするように努力し、後の人に残すことが出来たなら、幸福に生き幸福に死ぬためにこの考えにしたがって、『そなえよつねに』を忘れず、大人になっても、いつもスカウトの『ちかい』と『おきて』を堅く守りたまえ」と結び、最後に「神よ、それをしようとする君たちを、お守りください。君たちの友、ベーデン-パウエル・オブ・ギルウェル」で終わっています。

この少年への熱き思いは、現代でも世界中のボーイスカウト指導者共通の熱き思いでもあり、国や時代を超えて子どもたちに彼らの人生についてのロマンを語り続けなければならない大切な思いでもあるのです。

▲ベーデン-パウエル肖像画

ベーデン-パウエル・オブ・ギルウェル男爵（略称B-P）の略歴

1857年2月	オックスフォード大学教授の子としてロンドンで誕生。後に英国軍人に。
1899年10月	アフリカでのボーア戦争における217日間に及ぶマフェキング包囲戦で勝利し、英雄と呼ばれる。 B-Pは、この戦いで少年たちを組織して伝令業務、見張り役などに重用したが、彼らの勇気と機知に深い感銘を受けた。これが後年ボーイスカウトをつくる発想の原形になった。
1908年1月	ロンドンにボーイスカウト英国本部を設置する。
1910年5月	陸軍中将で退役。妹のアグネスが、ガールガイド（ガールスカウト）を創設する。
1921年5月	ロンドンで昭和天皇（当時皇太子）に英国ボーイスカウト最高功労章「シルバーウルフ章」を贈呈。
1929年1月	国王ジョージ5世より、準男爵から男爵に叙せられる。
1941年1月	転居先のアフリカ・ケニアにて84歳で逝去。

13 半世紀も続く「かがり火奉仕」での凛々《りり》しさは若者の使命感？

「行うことによって学ぶ！」という素晴らしい智恵こそが源泉です。

厳寒の中、半袖姿の若者が不動の姿勢で明々と燃え盛る「かがり火」の守護をしています！　参詣の人々からは、「うわぁ半袖だ！　寒いのにご苦労様」「ボーイスカウトってかっこいいね！」などの言葉をかけていただいています。

ここは、千葉県市川市の名刹《めいさつ》である弘法寺《ぐぼうじ》、万葉集の悲恋物語で有名な「真間《まま》の手児奈《てこな》姫」を祀《まつ》る霊堂の境内ですが、先ほど除夜の鐘が鳴って新年になったところです。参道の両側に身の丈程の高さのかがり火が設置され、主に中学生のスカウトが守護役を、

高校生のスカウトが薪の補給役を交代で務めています。周囲の物陰には指導者が、こちらも半袖姿でスカウトの安全や健康状態について慈愛の眼差しでそっと見守っています。そして、小学生のスカウトは、付近の商店街を「火の用心、マッチ１本火事のもと！」と大きな声で夜警をしてきました。

　この行事は、私の所属する団が１９６２年の創立以来半世紀もの間続けている伝統行事なのですが、かがり火の守護や夜警奉仕そのものは、一連のプログラムの一場面に過ぎないのです。かがり火の薪の製作から始まって準備すべき事柄が沢山ありまして、これを一つ一つ子どもたちがクリアしてきました。先ほどは、導入セレモニーの中で、厳粛な雰囲気の国旗儀礼を行い、弘法寺の執事長様から子どもにわかりやすい法話をお話ししていただき、かがり火の点火式も行いました。

　私は、かれこれ20年以上もこの行事に参加してきましたが、子どもの教育的効果はもちろんのことながら驚嘆すべきは、この行事のために大勢の地域の大人が、大晦日から元旦にかけての多忙な中を「半世紀もの間奉仕のバトンを繋いできた！」という事実なのです。

実は、ボーイスカウトにとって一番大切なものに「ちかい」というものがあることを2項で書きましたが、その最初の部分に「神（仏）と国とに誠を尽くし「おきて」を守ります」というのがあります。無神論者が多いとされている中でこの「神または仏」の指導が誠に難しく、普段は信仰心の醸成や超自然的な至高の存在についての説明をしている訳ですが、子どもにとっては、そういう話よりも**寒さに震えながらのかがり火奉仕を継続させ、自然な雰囲気の中で体験させることによる教育的効果の方が遥かに大きい**ことを建団の大先輩はわかっていたのです。「行うことによって学ぶ！」という素晴らしい智恵こそが、半世紀も「地域力」を維持してきた源泉なのだと思います。このことをスカウトの親の世代やその親の世代の方々にも分かっていただきたいものです。

境内の控室用テントの中で、久し振りに参加してくれた有名大学に通う青年が、自らの少年時代にこの行事で得た強烈な印象が、自身の考え方に大きな影響を与えていることなどを語り、将来への熱い思いを聞かせてくれましたが、何と嬉しいことか。

ところで、私が永年奉仕をしている団委員長という任務は、言わば幼稚園から大学までの男女共学一貫教育私立学校の校長役といったところでしょうか。毎年不足気味で不安定な「人《ひと》・物《もの》・金《かね》」を使って地域の子どもにボーイスカウト手法による地道な社会教育を通年行い続けているボランティア責任者なのです。

今、世界のスカウト人口は２８００万人と増え続けていますが、我国のスカウト人口は最盛期の半分の約15万人に激減してしまいました。その理由が、「少子化社会」にあるとか、「ボーイスカウト教育の根本が武士道精神であるにも関わらず、単なるお遊び集団になってしまった」とかの議論があります。しかし、それらは日々現場におられない方々の意見のようでして、眼前の半袖姿の若者の凛々《りり》しさのゆえんを考えると、半世紀の間変わることなく連続している武士道精神にも通じる一種の若者の使命感のように思え、「今時の若者だって昔とちっとも変わっていないですよ！」と叫びたい衝動に駆られるのです。

引き続き、現場に在る団委員長の「体験することによって学んだ」ことを少しずつお話ししたいと思います。

手児奈霊堂（弘法寺）

●所在地●千葉県市川市真間

●由来●万葉集の歌で有名

葛飾の　真間の井見れば　立ち平し
水汲ましけむ（ん）　手児奈し思ほゆ（おもうゆ）

●概説●身なりは粗末だったが、とても美しい手児奈姫。多くの男性から結婚を求められたが、「私の心はいくつにでも分けることは出来ます。でも、私の体は一つしかありません。

もし私が誰かのお嫁さんになれば、他の人を不幸にしてしまいます」と悩み海に行きました（当時は真間山の下は海だった）。ちょうどその時は日没になろうとしていました。「そうだ、あの沈んでいく太陽のように！」と思って海に身投げしてしまいました。

という伝説から純真な手児奈の霊堂（霊神堂）が造られました。

年末年始の「かがり火奉仕」も、一般の人がボーイスカウトの凛々しい姿に出会う場面のひとつでしょう。明治神宮をはじめ、日本全国半袖姿の若者が不動の姿勢で「かがり火」を守護する厳寒の夜。薪の補給役、守護役、そして街中を火の用心の夜警役に分かれ、指導者はスカウトたちの安全をそっと見守ります。私の所属する団でも1962年の創立以来半世紀続いている伝統行事となっています。

14

名誉、名誉、重きぞ名誉！

「使命感に燃え、
名誉を重んじる人間としての生き方」こそが、
現代の武士道精神です。

「ボーイスカウト教育の基本が武士道精神であるのに、最近は単なるお遊びの集団になってしまった！」という教条主義的な批判があります。ボーイスカウトには「花は薫るよ花の香に　日は輝くよ日の光り　われらに名誉の重きあり　薫りか光りか　ああ名誉　名誉　名誉　重きぞ名誉」という象徴的なソングがありまして、集会では、国旗儀礼の後に必ずこの歌を斉唱《せいしょう》します。私もかれこれ50年以上前に東京下町の浄土真宗のお寺が短い期間運営していたボーイスカウト隊で大きな声で歌っていました。

この昔の経験をよく思い出すのですが、不思議なことに隊長の姿が制服ではなくいつも僧衣なのです。考えてみれば日曜日のお寺は法事で多忙ですから。必然的にほとんどの活動は早稲田の大学生副長が指導してくれました。隊長は、法事と法事の合間に本堂と庫裏《くり》の間に置かれた古いオルガンを弾きながら、ボーイスカウトソングや宗教歌を教えてくれたり、お釈迦《しゃか》様の話を聞かせてくれました。今でも当時教わった歌を歌うと昨日のことのように楽しかったキャンプや登山を通じた朋輩《ほうばい》との交友など、充実した日々の情景を懐かしく思い出します。隊長は、ボーイスカウトの他に独自運営の子ども会責任者もされていて、戦後の貧しい時代に近所の子どもたちから会費も取らずに面倒を見てくれていました。その子ども会が60周年を迎え、総在籍者数が１４００名を越えたそうです。私はボーイスカウト責任者の立場になってわかったことですが、こんなことを趣味や義務感で出来る筈はありませんから、有為《うい》ある子どもの将来のために確かな「使命感」を持って続けておられるのだと思います。このお寺で得た強烈な印象、**「将来に夢を抱いて志を高く！　他の人のためになる人生を歩め、そのためには『そなえよつねに』を忘れないで！」**というようなことを学んだのですが、隊長は「使命感に燃え、名誉を

重んじる人間になれ！」ということをご自身の背中で示されたのだと思うのです。

この少年の頃にお二人の謦咳《けいがい》に触れたことで、窮乏生活の中でも未来にロマンを抱きながら過ごすことが出来ました。そして「男の子が授かったら、必ずボーイスカストをやらせよう！」と新婚間もない頃の家内に熱心に語ったものでした。

2人の息子の入団を機会に今日まで積極的な奉仕を続けてきましたが、そのモチベーションの源泉は、お寺での強烈な感動体験にありました。そのことが、後年「楽しさの中から憧れと感動、そして志」という所属団の教育理念に繋がった訳です。

我々の世代は、武士道精神が話題になると決まって新渡戸稲造《にとべいなぞう》博士が英文で綴った著書の話になりますが、「武士道」とか「大和撫子《やまとなでしこ》」とかは、誰それの説が金科玉条《きんかぎょくじょう》ということではなく、人々の心の中に粛々と受け継がれていく「日本人の魂」みたいなものであろうと思うのです。私の心の中では、難しい話ではなくて「使命感に燃え、名誉を重んじる人間としての生き方」こそが、現代の武士道精神ではないかと自問自答しています。私の団の指導者も10年20年と続けている人が大勢いますが、創立以来変わることなく「使命感に燃え、名誉を重んじる人間としての生き方」を子どもたちに背中で見せ続けています。

ところで、大昔の欧州では、「人格教育」も学校の教科のように教えることが可能とされてきた論理は、キルパトリックやデューイのグループワーク教育理論「小グループで子どもの興味や関心から始め、生活と経験を通じて人格形成していく方法論」の出現により陳腐化しました。そして、この新方法論の具現例の代表がボーイスカウトの班制教育だったそうです。今、日本のボーイスカウト運動は、大幅減員という大きな岐路に立たされています。この辺で青少年健全育成のための地域社会教育活動の原点に戻って、変えてはならないことと、積極的に変えなければならないことを峻別して、対応策を講じていかねばならないと思います。

寺子屋、子ども会、近所の大人たち……。地域が子どもを育んでいた時代がありました。筆者の子ども時代も、ボーイスカウトを運営していた近所のお寺のご住職の思い出に始まります。**それぞれの地域に、「使命感に燃え、名誉を重んじる人間としての生き方」を子どもたちに見せることの出来る大人がいるはずです。**これこそが地域社会教育活動の原点ではないでしょうか。

花はかおるよ（連盟歌）

作詞／葛原しげる　作曲／山田耕筰

1

花は薫《かお》るよ　花の香に
日は輝くよ　日の光り
われらに名誉の重きあり
薫りか　光りか　ああ名誉
名誉　名誉
重きぞ　名誉　フレッ　フレッ　フレッ
スカストわれらの　名誉ぞ重き

2

眼《まなこ》開きて　見きわめよ
耳そばだてて　ききただせ
われらに不断の準備あり
手足に　心に　ああ準備
準備　準備
固きぞ　準備　フレッ　フレッ　フレッ
スカストわれらの　準備ぞ固き

1.5

アメリカのボーイスカウトとはこんなに違う！

広大なアメリカの地で青少年の社会教育を本気で行うためには、ボランティア中心の組織で成功する筈はなく、ビジネス感覚の組織でなければならない！という信念を貫きました。

アメリカ訪問を機にここフロリダのケネディ宇宙センターに来て、１週間後に打上げ予定のスペースシャトル、エンデバーの巨大な勇姿を観ています。このシャトルには、日本初の宇宙実験棟「きぼう」が積み込まれており、土井隆雄飛行士が搭乗します。かれこれ40年前に初めてアメリカに来た頃は、１ドル３６０円の時代でして、ケネディ大統領がダラスで凶弾《きょうだん》に倒れて5年後、公民権法が制定されて4年後でした。人種差別が一向に改善されず、「The other America!」つまり「アメリカには、もう1つのアメリカがある。2つのアメリカの間には大きな河が流れていて渡る橋がない。もう1つのアメリカに生まれた有色人種がいくら努力をしても本当のアメリカに渡ることは出来ないのだ！」と言われていた時代でした。私もその有色人種の1人として、とても嫌な思いをした記憶があります。当時の日本はというと、「アメリカが、くしゃみをすれば風邪を引く」と言われ、「政治も経済も巨大なアメリカの絶対的な影響下にあり、あらゆる分野がアメリカの盲従者でしかない」とも言われていました。若さも手伝って「それなら実際にこの目で確かめておこう」とギリシャ船籍の古い船に乗ってはるばるやって来たものでした。

ところで、アメリカには650万人ものボーイスカウトがいるそうです。あらゆる分野で日本がアメリカの盲従者であるなら人口がアメリカの約半分の日本にも300万人位のボーイスカウトがいてもおかしくないのでしょうが、僅かに15万人程度ですから人口比を考慮しても20分の1でしかありません。ボーイスカウトの本家本元のイギリスでさえ50万人です。

この違いの原因がどこにあるのかについて、アメリカの友人と意見交換をしましたが、**「日本もイギリスも『ボランティア指導者中心の運営』であるが、アメリカは、『有給プロフェッショナル中心の経営』**であることが最大の原因ではないか？」という結論になりました。

そもそもアメリカのボーイスカウト連盟を育てた初代事務総長のジェームス・ウエストは、「この広大なアメリカの地で青少年の社会教育を本気で行うためには、ボランティア中心の組織で成功する筈はなく、有給スタッフによる効率性を強く求めたビジネス感覚の組織でなければならない！」という信念を貫いたそうです。この考えに創始者ベーデン-パウエル卿は、「ボランタリースピリット」を欠くものであると批判的であったそうです。しかしながら、「素晴らしい青少年健全育成ツールのボーイスカウトを1人でも多くの青少年に提供する！」が、この運動の基本方針である以上、スカウト数でこれだけの大差になってしまった背景について「ボランティア指導者中心の運営」派の日本としては、謙虚に学ぶべき点が沢山ありそうに思えます。特に近年は、ボーイスカウト教育を応用した有効指導法を開発して、学校の先生やスポーツクラブの指導者等に通信教育で勉強して貰って、不特定多数の青少年に社会教育の機会を創るという新しい仕組の「君の人生のための学習活動」とでも言うべき「Learning for Life」会員が増え続けているそうで、この分野の青少年が20％も含まれているようです。

確かに、１００名の近所の子どもを預かる団責任者の私にとって一番悩ましい問題が、奉仕指導者の「ボランタリースピリット」の2面性、つまり、「崇高《すうこう》なる奉仕精神」と「責任観念の希薄さ」が背中合わせにあることなのです。

アメリカ・ボーイスカウトの最高の進級章に「イーグルスカウト」というものがあります。これは日本の「富士章受章スカウト」とは比較にならないくらい社会的ステータスが高いのですが、「成功者になるためにはイーグルスカウトになり給え！　歴代大統領や有名スポーツ選手、そしてケネディ宇宙センターから旅立つ宇宙飛行士も皆イーグルスカウトなのだ！」というテレビコマーシャルが流れるそうで、誠にアメリカらしく実利的目的意識が明快なのです。アメリカの新年行事として有名なパサディナの「ローズパレード」でエスコート役を果たす数百名のイーグルスカウトが、誠に誇らしげな制服姿で胸を張っているテレビの場面を日本でもご存知の方が多いことと思います。

それにしてもアフリカ系アメリカ人のオバマ氏が初めて民主党大統領候補となり、善戦して当選し、就任しましたが、未来永劫に乗り越えられないとされていた「The other America!」問題をこの40年間の紆余曲折の末に克服したことを目の当たりにして、宇宙開発にせよ人種問題にせよ、さすがに超大国アメリカであるものと敬意を表した次第です。しかしながら、多くの困難に出合っているのが現状です。

アメリカには 650 万人ものボーイスカウトがいます。**アメリカにおいてボーイスカウトははっきりと「成功者」になるための青少年育成組織なのです。**歴代大統領も、有名スポーツ選手も、そしてケネディ宇宙センターから旅立つ宇宙飛行士も、皆アメリカボーイスカウトの最高進級章「イーグルスカウト」だとテレビコマーシャルが流れているくらいです。その明快な目的意識は、ボーイスカウトもアメリカ特有のビジネス感覚で組織運営されているからかもしれません。

16

世界最大の青少年団体がボーイスカウト!

現在、世界中には216の国と地域で2800万人ものボーイスカウトが活動しています。

スペースシャトル、エンデバーのクルーは、国際宇宙ステーションに有人宇宙実験棟「きぼう」を取り付けることに見事成功しました。この宇宙ステーションには、アメリカを始め、日本、ロシア、欧州、カナダ等の15カ国が参加していますが、「このステーションでは、いろいろな言葉の違いを克服して皆で力を合わせて1つの目的に向かって邁進《まいしん》していいます。皆さんも国を超えてお友だちの輪を広げ、美しいかけがえのない地球を守りましょう!」と、土井宇宙飛行士から日本の子どもたちへメッセージが届きました。

そう言えば1年半前にディスカバリー号で活躍した野口飛行士が今もボーイスカウトの指導者であることをご存知ですか？

現在世界中には、２１６の国と地域で２８００万人以上のボーイスカウトが活動しています。ボーイスカウトでは、国を超え言語を超えて青少年の友情の輪を広げる運動を１００年も前からしっかりと行って来ましたが、その経営基盤はなかなか厳しいものがあるようです。

アメリカのボーイスカウトは「有給プロフェッショナル主導の経営」、日本は「地域ボランティア指導者主導の運営（何故か日本では経営という言葉を嫌う！）」という違いについてアメリカの友人と語り合ったことを前項で書きましたが、世界を見渡すともう１つの「行政主導」によるグループがあります。開発途上国や先進国の仲間入りを果たしつつある国々のほとんどがこのグループに入るようです。世界最大の青少年団体である「世界スカウト機構」は、ジュネーブに本部を置いて世界中のスカウト運動を統括していますが、２００８年のデータによると正式加盟数１５６カ国２５００万人の分布は、アジア太平洋地域23カ国64％、ヨーロッパ地域40カ国６％、アラブ地域17カ国１％、ユー

ラシア7カ国0・1%、アフリカ地域37カ国3%、インターアメリカ地域32カ国26%（内、アメリカだけで24%）となっています。

過半数以上を占めるアジア太平洋地域で日本以外のほとんどの国は、「行政主導」だそうで、何とインドネシア891万人、インド214万人、フィリピン196万人、タイ131万人も加盟していて、主に学校の放課後に先生がボーイスカウトの指導者に、生徒がスカウトに早替りをして社会教育活動を熱心に展開しています。韓国の25万人もこのグループに含まれますが、子どもの成長に大きな役割を担う社会教育の重要性を強く認識する国ほど、行政がボーイスカウト手法を積極的に採用しているようです。

こうして見ると、創始者ベーデン－パウエル卿が望んだ「ボランタリースピリット」を貫いている国は、誠に残念ながら日本とヨーロッパを中心とする小数派ということになり、圧倒的多数は「行政主導」のボーイスカウト、つまり有給者である学校の教員中心にボーイスカウト手法による社会教育が行われているようです。前に紹介したアメリカ・ボーイスカウトの一部門である「Learning for Life（人生のための学習活動）」の中心的な指導者も、もっぱら学校教員だそうですから、世界の9割以上は「有給プロフェッショナル主導の経営」で成り立っていることになります。

まあ、子どもの視点から見れば経営基盤問題は関係ない訳ですが、世界中のあらゆる国で1人でも多くの子どもにボーイスカウト教育の素晴らしさを提供するためには、「ボランタリースピリット」は、理想とは言え限界があることを数字が示しています。

そんな状況下にあっても日本では諦《あきら》めることなく、スカウト人口増加のための対策を講じ続けなければなりませんが、その鍵を正にアクティブシニアが握っていると思うのです。そして、一方では世界のすう勢である「学校ボーイスカウト」を日本でも普及させるための機運を盛り上げなければなりません。日本では行政への期待は無理のようですから、先ずは足元からと、自宅附近に所在する名門私立学園にボーイスカウトを導入していただくために率先垂範《そっせんすいはん》で活動しているのです。

ボーイスカウトの皆様

宇宙飛行士の野口聡一です。

我々のスペースシャトルＳＴＳ－１１４ミッションを応援していただきありがとうございました。

長い間一緒に訓練してきた仲間と力を合わせて、難しい任務を成功させることができ、とてもうれしく思っています。

チームワークが重要なことは、ボーイスカウトでも宇宙でも同じです。

そなえよつねにの精神で、皆さんもボーイスカウト活動を楽しんでください。

日本に戻った時に皆さんとお話するのを楽しみにしています。

２００５年８月６日

17

ボーイスカウト世界大会に日本が再び立候補！

2015年7月28日〜8月8日、山口県に世界のスカウト3万人が集合します！

去る3月18日の早朝から3人の内閣総理大臣経験者と現職閣僚、そして経団連会長を含む30名もの政財界の重鎮《じゅうちん》が一同に会されました。このそうそうたる顔触《かおぶ》れで、一体何の会合が開かれたと思われますか？

それは、他でもないボーイスカウトの世界大会である「第23回世界スカウトジャンボリー（2015年開催のボーイスカウト国際大会）日本招致《しょうち》支援委員会」の設立総会だったのです。委員会の会長が御手洗経団連会長でして、森元総理大臣が最高顧問、海部元総理大臣が顧問、安倍前総理大臣が名誉会長、斉藤ボーイスカウト振興国会議員連盟会長が副会長、そして、町村官房長官と張トヨタ自動車会長が理事といったところです。ボーイスカウト日本連盟の橋本理事長、広瀬副理事長もそれぞれ副会長、委員長として重責を担うことになります（肩書については、その当時のものです）。

日本連盟は、山口市「きらら浜」を会場として、日本を意味する「和」、すなわち「世界の平和と調和（ハーモニー）」を目指そうというテーマを掲げて立候補しました。

それにしても、日本の地に未来の世界を担う１５０カ国以上の国と地域の2万５０００人（予想）もの外国の子どもたちが集合するということは、想像しただけでもワクワクする素敵なことではありませんか。「きらら浜」で日本中の津々浦々から集まった1万人（予想）の子どもたちと一緒に過ごす楽しいキャンプ生活の中で、多彩なアクティビティや交流プログラムを通じて、言葉の違いや文化の違い、そして肌の色の違いを超えて熱い友情の「輪」を広げることになります。大会開催期間中の前後には、日本中の様々な家庭がホームステイを受け入れて、子どもを中心とする草の根交流の「輪」も広げることになります。

このように考えていきますと、日本の青少年教育の発展に大きく寄与する効果はもちろんのこと、**これから益々進む少子高齢化の中で荒んでしまった日本の社会をパッと明るく照らして、日本の将来に再度「夢とロマン」を取り戻せるような貴重なきっかけを作ってくれる効果**も絶大であるものと信じています。政財界の重鎮が揃って誘致支援に協力される理由がそこにあるのではないでしょうか？

ところで、ワールド・スカウトジャンボリーと呼ぶボーイスカウトの一大イベントは、4年間隔で世界の各地で開催されてきました。２００７年夏の第21回世界スカウトジャンボリーは、創始１００周年ということから、ボーイスカウト誕生の地であるイギリスのロンドン郊外で、「ひとつの世界　ひとつのちかい」というテーマのもと１５３の国と地域から4万人のスカウトが参加して開催され、日本から１５００名も参加したことを前に書きました。

２０１１年に次の世界大会がスウェーデンで開かれます。実はこの大会を日本に招致しようと立候補したのですが、グスタフ国王自らが招致活動の先頭に立たれて事前のＰＲ活動が行われたそうで、投票の結果はスウェーデンに大差で敗退した苦い経験があり

ます。結果的にヨーロッパで連続開催されることになってしまい、誠に残念なことでした。30年前に日本の朝霧高原で開催された第13回世界ジャンボリーの経験が役に立たなかったことになります。

そこで、日本連盟としては、いろいろな議論の末、ボーイスカウト運動はもとより日本社会の将来に及ぼす大いなる効用を勘案して、再び立候補することになった次第です。同じ轍《てつ》を踏まないために今回は、日本連盟の関係者が世界中の加盟国を訪問して地道なＰＲ活動を行ったり、47都道府県連盟が投票権を持つ国々を分担して事前交流を図るなど懸命の努力をしてきました。

これらの招致努力の成果は、韓国の済州島で開催される「世界スカウト会議」の席上１５６の国と地域の投票で決まります。巨額の予算をつけて国家的プロジェクトとして招致活動を展開しているシンガポールが競争相手ですが、冒頭の「日本招致支援委員会」の力添えにより、今回こそは何としても当選を果たして、山口市「きらら浜」で日本と世界の子どもたちが繰り広げる「和」と「輪」をこの目で確かめたいと心から願うものです。

◎世界スカウト会議（済州島）の投票結果は
大差で日本に決まりました。

第23回世界スカウトジャンボリー概要

［テーマ］和　a Spirit of Unity　環境　平和　開発
［会期］２０１５年7月28日（火）〜8月8日（土）予定
［会場］山口県きらら浜
［参加者］１５０の国と地域からの約3万人がキャンプをしながら
体験を共有する
［参加対象者］14歳〜17歳のスカウト（子ども）と引率指導者
18歳以上のスタッフとして参加する指導者
［プログラム］地元開発村　広島ピースプログラム　地域奉仕活動　水上活動
自然探求　科学体験活動　全体集会　文化の交差点

世界スカウトジャンボリーは、全世界のボーイスカウトの最大行事です。第1回は1920年にイギリスで行われ、以降**4年に一度、世界各国で開催され続けてきました。**2011年はスウェーデンのグスタフ国王自らが招致活動の先頭に立たれ同国で22回が開催されます。2015年には未来の世界を担う150カ国以上の国と地域の2万5000人もの子どもたちが、1万人の日本人の子どもたちと日本でキャンプをしながら友だちになることを考えると、ワクワクするような明るい希望を感じます。

18

発達障害者支援法とボーイスカウト

障害児と健常児が一緒にキャンプ生活。「日本アグーナリー」を4年に1回開催しています！

2008年5月24日。温暖化ガス削減について中期目標設定の必要性で一致したG8環境相会合が行われた同じ日の同じ神戸でボーイスカウト日本連盟の全国大会が開催され、47都道府県連盟の主だった指導者700名が参加して会議や式典、パネルディスカッション、そしてテーマ別集会と、熱心な討論や交流が行われました。式典の部では、来賓《らいひん》の井戸敏三兵庫県知事が、兵庫連盟長としてボーイスカウトの制服を着て登壇《とうだん》され、「青少年の健全育成が今ほど重要な時代はなく、ボーイスカウトに寄せられる社会の期

待は極めて大きい」と述べられました。井戸知事は、G8環境相会合でもゲスト出席し、幾多の困難を乗り越えてコウノトリの復活事業に成功しつつあることを報告したそうです。「環境」と「青少年」問題は、日本の未来に向けた最重要課題でありながら、行政はお題目ばかりが先行していることがとても残念です。奇しくも神戸で同じ日に両問題のイベントが開催されていることに不思議な縁を思わずにはいられません。

さて、この全国大会では大きな収穫がありました。それは、時代の皺寄せが子どもの社会にも色濃く影響を与えている2つのテーマ「発達障害者問題」と「活動中の安全問題」の貴重な討論に加わったことです。「安全問題」については後でお話ししますが、ここでは「発達障害者問題」について触れてみたいと思います。

発達障害者支援法が平成17年に施行されたことを機に、教育界では平成19年度を「特別支援教育元年」として教師の支援のあり方を抜本的に見直すことになり、小学校現場では今大変な状況にあるそうです。支援法での発達障害とは、自閉症、アスペルガー症候群他の広汎性《こうはんせい》発達障害、学習障害、注意欠陥多動性障害等で、その症状は通常低年齢において発現《はつげん》します。今回ボーイスカウトは、この問題を正面から取り上げて、「共生

する社会～より多くの青少年と共に活動するには～」のテーマでパネルディスカッションを行いました。パネリストは、子どもの精神病に詳しい精神科医、障害児対策に早くから取り組んで来られた小学校長、キャンプで様々な問題解決の豊富な経験を持つ大学教授、子ども電話相談を30年間も続けて来られた教育者、司会は現職中学校長でもあるボーイスカウトの幹部です。

　幼稚園から小学校低学年世代の6%～8%もの割合で軽度発達障害児が存在し、症状は様々ながら共通項は「コミュニケーションが下手なために挫《ざ》折感《せつかん》を味わい、やがて自己嫌悪になっていく」のだそうです。従って大人の対応は、2次障害に繋がらないように症状毎の個別対応と、良いとこ探しの褒《ほ》める指導がとても重要なのです。ボーイスカウトにも6～8%の割合で軽度発達障害児が登録していることになりますから、ボランティアとはいえこの対策が大きな課題になりつつある訳で、症状毎の個別対応のためには、団に所属する現場の指導者数を大幅に増員して専門的な対症療法を身につける等の難しい課題を克服しなければなりません。

ところで、日本連盟では「日本アグーナリー」（国際障害スカウトキャンプ大会）と称する障害児と健常児が一緒になって有意義なキャンプ生活を過ごす全国大会を神戸市のしあわせの村で開催しましたが、この大会は世界中の人々から注目されました。

なぜならば、世界中のボーイスカウトの中でもこの種の大会を40年間も続けて来た国は他にないからです。

ちなみにＡＧＯＯＮとは「集会」という意味のギリシャ語だそうで、第10回神戸大会は、２００８年7月31日から8月4日の５日間の会期で開催され、約１１００名（６カ国約１００名の外国スカウト含む）が参加。私の所属する団からも主婦である女性指導者が奉仕活動に参加しました。

発達障害者支援法とは？

◎**概要**

自閉証、アスペルガー症候群その他の広汎性発達障害、学習障害、注意欠陥・多動性障害等の発達障害を持つ者の援助等について定めた法律で平成17年4月1日施行。

◎**特徴**

福祉の谷間で永年取り残されて来た発達障害児の定義と社会福祉法制における位置づけを確立し、発達障害の福祉的援助に道を開くために初めて明文化した法律。

◎**発達障害の早期発見**

発達支援を行うことに関する国及び地方公共団体の責務は、早期発見と発達障害者の自立及び社会参加に資する支援

19

冒険プログラムと安全確保！

ルールを守れば、事故は防げることを学びます。

子どもたちが待ちに待った夏休みですが、野外活動と安全問題は切っても切れない関係にあります。ボーイスカウトでは、ゴムボートに乗って川を下ったり、丸太を組み合わせて橋や高い物見やぐらを造ったり、夜を徹して50㎞ものハイキングを行ったりと、子どもたちの成長年齢に沿った野外での冒険的プログラムを果敢に挑戦させることによって、様々な成果を得させる教育法を得意としています。子どもがワクワクするような冒険的プログラムであればある程、安全面のリスクが大きくなると考えられていますが、そこで躊躇《ちゅうちょ》していてはボーイスカウトではなくなってしまいます。

さて、神戸全国大会のホテルの一室に40名もの指導者が集まり、全員が仮の陪審員になって真剣な議論をしました。「裁判事例に学ぶ安全対策」のテーマのもとに「ある子ども団体のリーダーが、50名の子どもと育成会員を連れてハイキングに行き、河原で飯《はん》盒炊爨《ごうすいさん》をした後に浅瀬で子どもを水遊びさせました。不幸にも9歳の子どもがリーダーの指示する水域外で淵《ふち》に転落して死亡してしまいました。そして、その子の保護者は、5000万円の損害賠償訴訟を起しました」という実際に起こった事故事例で模擬《もぎ》裁判を行いました。

陪審員の総合判断は、リーダーの過失割合80%（4000万円賠償）というものでしたが、実際の裁判官は、20%（1000万円）の判決だったそうです。ボランティアであっても責任が軽減されるものではないという法律解釈ではあるものの、裁判官は優しい判決を下した稀有《けう》な例だそうですが、講師の弁護士からは「陪審員《ばいしんいん》のボーイスカウト指導者から見て、この子ども団体のリーダーが安全対策を怠った部分が多いと判断したことで80%過失割合としたのであろうが、このことはボーイスカウト指導者の安全意識

の高さを示すものであり大変結構なこと！」と賞賛《しょうさん》してくだり、**「過去の重大事故は安全のルール違反が原因、よってルールを守れば事故は防げることを学んで欲しい！」**と教えられました。

以上は、指導者に対する安全教育の一場面ですが、ボーイスカウトでは、自組織内のあらゆるレベルで安全問題を常に研究すると共に、万が一事故が起きてしまった場合の賠償《ばいしょう》問題に対処するために自前《じまえ》の保険制度を運用しています。

ところで、ボーイスカウトの加盟員は、永い間スポーツ全般を対象にした保険などに加入していましたが、ボーイスカウト活動に最もふさわしい保険制度を自ら開発創始することが夢でした。２００５年に「日本連盟傷害《しょうがい》共済制度」として立ち上げに成功した訳ですが、併せて科学的事故データの取得や掛金の低減化を実現し、さらに加盟員の約7割もの加入者を得て、益金を原資《げんし》にした「安全基金」の創設という夢も果たしました。

私は保険の専門家ではありませんが、この保険制度開発の趣旨《しゅし》に賛同して、この制度を創始するために仕事や家庭をそっちのけで研究開発奉仕に情熱を傾け、金融庁の担当者と「保険」という名称を使えない「共済制度」の有り様について厳しい議論を闘わす日々を送ったことがありました。

「冒険的プログラムと安全確保」という一見して相反する課題を克服するために、ボーイスカウトには「そなえよつねに」というモットーがあることを前に書きました。この克服のためにも多くの善意の奉仕者の協力が必要なことは言うまでもありませんが、前項で触れた発達障害児対策についても、多くの地域の方々が寸《すん》暇《か》を割いてボーイスカウトの支援者としてご協力いただければ誠にありがたいのです。

「傷害共済制度」は、その後「そなえよつねに保険」に改称して共済から保険に切替えましたが、全国のボーイスカウト加盟員が、安心・安全の仕組みの中でチャレンジングな活動が出来る「日本連盟安心・安全制度（事故補償システムループ）」は発展的に継続をしています。そこでは、事故ゼロを目指して「安全促進フォーラム」を全国各地で開催していますが、主催者の1人として奉仕をさせていただいております。

安全について勉強する安全促進フォーラム千葉会場

ボーイスカウト日本連盟安心・安全制度

ボーイスカウト日本連盟は、共済制度を 2010 年度から「そなえよつねに保険」に移行しましたが、安全確保のために構築した仕組みを大切に温存しています。

● **『安心・安全制度』（安全確保・事故補償のシステムループ）**

ワクワクする冒険的プログラムを子ども達に提供する団や隊をサポートするため、スカウトと指導者が「安全確保・事故補償のシステムループ」と称する「安心・安全制度」の輪の中で活動する仕組みを運用しています。

20 会社経営より よっぽど難しいボーイスカウト経営！

地域の子どもを育てる手段。今こそ地域の大人が結集を！

少子高齢《こうれい》化の波に洗われたボーイスカウトは、加盟員がどんどん減り続け、ついにピーク時の半分になってしまいました。このため全国に２６００余もあるボーイスカウト団の多くは、スカウトや指導者不足で苦境に立たされています。

このことは、何もボーイスカウトに限ったことではなく幾多の青少年育成団体共通の悩みであると思いますが、特にボーイスカウトでは一貫した年間教育を実施しているだけにダメージが大きいのです。ボーイスカウトの団は皆マネージメント的に自立してい

ますから、この苦境を脱するためには、それぞれが生き残りをかけて、如何に努力と工夫を重ねるかで日本のボーイスカウトの盛衰《せいすい》が決まる訳です。

そこで、努力と工夫の例として私が所属する団のマネージメントについてお話をすることにします。私は常々ボーイスカウトとは、**近所の老若男女による地域力を結集して、玉石混交《ぎょくせきこんこう》のいろいろな能力を持つ子どもを、ボーイスカウト教育法によって計画的かつ長期的に面倒を見る運動**と位置づけています。つまり、ボーイスカウトそのものが目的ではなく、**地域の子どもを育てるあくまでも手段**であると割り切っています。

私は、前にもお話ししたように少年の頃に近所のお寺のボーイスカウト隊で僧侶《そうりょ》の隊長と大学生の副長から貰った夢のような感動体験が忘れられずに、息子を入団させ自身も指導者になりましたが、たった数年間のスカウト活動を止めてからの永い空白期間にボーイスカウトを客観的に見つめていましたので、この割り切りが如何に大切であるかに気付いたのです。この道一筋の先輩諸兄からは、いろいろと批判を受けたりしました。しかし、地域の方々の理解と熱意によって我が団は１００名もの子どもを永らく維持し、社会に貢献し続けることが出来たと思います。

この秘訣《ひけつ》は、わかりやすいマネージメント手法を採り入れて地域力の組織化と指導者のモチベーションの持続化に腐心しつつ、組織全体の総合力を維持して来たことではないかと思っています。

我が団指導者の年間総奉仕《ほうし》時間は1万5000時間にもなります。これは1人の子どもを育てるのに年に150時間の直接・間接の時間が必要であることを示していますが、団責任者の私としては、この1万5000時間の数字が片時も頭から離れないのです。

内訳は、年500時間以上の方が10名、100時間以上の方が40名でして、この50名の方々が中核になって95%の時間を分担しつつ団独自の機能的な組織の中で決められた任務を遂行しています。そして残りの5%は、仕事や家庭の都合で奉仕がままならない20名の方々が分担しています。実はこの20名の予備役の方々の存在が重要でして、奉仕が可能になったら再びカムバック出来る仕組みになっているのです。この現役5対予備役2という仕組みこそが、我が団のボランティア経営ノウハウであります。

話は変わりますが、**「人・物・金・情報」**がビジネスの経営資源とされていますが、ビジネスではないボーイスカウトの経営こそが、この経営資源の有効活用を図る知恵と実

行力がなければ存続出来ません。一番大事な「人」は、正に1万5000時間の配分そのものでありますが、残念ながらボーイスカウトの世界では、「経営」という言葉がタブーでして、伝統的に「運営」という言葉を使うように指導されて来ました。どちらも英語で「マネージメント」なのですが、「運営」という日本語の響きには、責任が伴わない同好の士の集まりという雰囲気の漂いが、採用理由なのだそうです。そんな曖昧《あいまい》さを内存して来たボーイスカウトですが、加盟員が激減している昨今では、流石にあちらこちらで責任の伴う「経営」という言葉が聞こえるようになりました。時代は変わり、「変えてはならないことと、変えなければならないこと」の本当の意味が少しずつわかって来たのかも知れません。

　全員が「顎《あご》・足《あし》自分持ちの奉仕者！」である我が団では、地域力の結集や施策実現に協力していただくために、責任者である私が率先垂範するしかありません。同時にボーイスカウトの特色として当然のことでもあるのです。

私の所属する団の経営を担う団委員の面々です。地域の方々の理解と熱意によって我が団は 100 名の子どもが加盟していますが、**1人の子どもを育てるのに年 150 時間が必要です。すると指導者の年間総奉仕時間は1万 5000 時間という計算になります。**内訳は年 500 時間以上活動する指導者が 10 名、100 時間以上が 40 名おられます。そして残りは「都合がついたら参加する」という予備役がかわるがわる任務を分担しています。

21 薩摩藩の郷中《ごうじゅう》制度とボーイスカウト教育法がそっくり！

若者を駆りたてた共通のキーワード
それは「使命感」です。

「一つしかない命を投げ捨てて散っていった若者たちの事（中略）は忘れてはならない」。これは、鹿児島県知覧にあった旧陸軍特別攻撃隊の若き隊員たちに「特攻の母」と慕われた富屋食堂の鳥浜トメさんの言葉です。愛機の翼を振り開聞岳に別れを告げて一路南下し沖縄の海に散った1000余名の若き隊員は、16歳から18歳が中心で、中には14歳の少年もいたそうです。

先日この地の特攻平和観音に心をこめて合掌し、その足で鹿児島市内の旧薩摩藩城下

を訪れました。この藩には、武士階級の子弟教育に「郷中《ごうじゅう》」と呼ばれた優れた制度がありました。特攻の若き隊員たちと同世代の若者が、「方限《ほうきり》」という住居区毎に4つの年代別小グループを編成して1つの集団を結成し、それぞれの集団の責任者である郷中頭を筆頭に年少者に対して、学問・武芸・道徳全般を教え、生活を含む一切の責任を負っていたそうです。西郷隆盛が、下加治屋町の郷中頭時代に頭角を現し、明治維新で活躍した大久保利通、大山巌などのそうそうたる人物がこの郷中仲間であったことは、あまりにも有名な話でありますが、ボーイスカウトの教育法がこの郷中制度にとても良く似ていることに驚きます。

ベーデン-パウエル卿がボーイスカウトをつくった頃のイギリスと日本は、日英同盟を締結していたためとても親しい間柄でしたから、この「郷中」のことを知っていて参考にしたのではないか、と考える人がいます。

ところで、ベーデン-パウエル卿が、南アフリカ・ボーア戦争の「マフェキング包囲戦」（当時の英国社会で英雄扱いされた）で組織したイギリスの「見習兵団」も同世代の少年たちでした。

郷中教育を受けた若者は封建社会の終焉のために一命を捧げ、特攻隊員はお国のために散りました。マフェキングでは、多くの非戦闘員を守るために嬉々として砲弾を潜り抜けて働いたそうですが、これらの若者を駆り立てた共通のキーワードは何であったのでしょうか。たとえ、専制国家や軍国主義時代の情報統制社会であったとしても、それ**は国や社会に対する若者の「使命感」であったと思います。**

現代の若者は、ＩＴの情報氾濫社会に生きていますが、動機付けを上手く出来れば、世の中のために立派に役立つ働きが出来るものと、私はボーイスカウト指導者としての実体験から信じて疑いません。

話は変わりますが、ＪＲ千葉駅から徒歩10分のところに千葉県忠霊塔と呼ばれる施設があります。この施設は日清戦争以降の戦没者を追悼するとともに、恒久平和を祈念して昭和29年に県が建設しました。毎年8月15日に県知事、千葉市長、遺族代表が戦没者に拝礼・献花をされていますが、昔からボーイスカウトは、この行事のお手伝いをして、拝礼式に参加をさせていただいております。このお手伝いのスカウトは中学生と高校生ですが、「郷中」や「マフェキング包囲戦」「特攻隊」の若者と同世代の若者であります。熱暑の中での清掃や仮設テントの設置に汗を流す訳ですが、その作業や拝礼の中から昔の若者を想いつつ、世界の恒久平和を目指すことへの「使命感」を持つことに繋がれば、熱暑が彼らにとって正に千載一遇のチャンスになるものと、ボーイスカウト側の責任者を務める私は内心大いなる期待をしています。

戦争の歴史を学び、平和を願う心を持つことはボーイスカウトの奉仕活動からも育まれます。毎年8月15日に県知事、千葉市長、遺族代表が、戦没者を追悼する「千葉県忠霊塔」に献花されますが、千葉県連盟のボーイスカウトはこの行事のお手伝いをして拝礼式に参加させていただいています。

22

「ボーイスカウトは運動であって組織ではない」

組織否定ではなく、能率の良い生き た組織でなければならないということです。

ボーイスカウトでは、昔から「ボーイスカウトは運動であって組織ではない」という大変有名な言葉があります。これはボーイスカウトを作ったベーデン-パウエル卿（B-P）が1921年7月に英国連盟の機関誌「スカウター」への寄稿文の中で述べたものです。

当時既にボーイスカウトは21の独立国と12の英国領に広まっていましたが、それを組織的に運営するために「選挙によって代表される委員を選び報酬を与えるべきである」

という案が提案されました。これに対して、B-Pは、「我々は運動であって組織ではないのだ。**我々は愛と規約を通して仕事をするのである**」と言われ、「スカウティングとは、自国や自国の国民を心から思う人たちが利用出来る一つの提案に過ぎない。それを利用する人々にとっては主人と部下、将校と兵士が集まった部隊ではなく、**兄弟愛という共通の理想で結びついた愛国者たちのチーム**なのであり、その理想とは子どもたちを良くすることである」と主張したそうです。

実に高邁《こうまい》なこの言葉が「善意の誤解」を生み続けたまま現在に至ってしまったために、「ここ一番！」というときに力が結集出来ずに誠に残念な状況の繰り返しになっているように思えます。

「善意の誤解」とは、「隊や団の現場でやっているスカウティングは活動であり、その活動の集合体は『運動』なのだ。だから指導者個人は運動人であって、決して組織人ではない。組織の一員に成り下がって使われる身になりたくない」という訳で、システマチックに組織的な仕事をすることを敬遠する気風で充満しています。

ところで、ボーイスカウトの指導者になるには2つのタイプがあります。幼少から

ボーイスカウトをやっていて、やがて後輩の面倒を見るために指導者になるタイプと、我が子をボーイスカウトに入れたことで未経験ながら指導者になるタイプです。後者のいわゆる「お父さん・お母さん指導者」が圧倒的多数派なのですが、ほとんどの方は指導者になる時に「ボーイスカウトは運動であって組織ではない」という言葉を知りません。指導者養成機関に入って初めてこの言葉を知るところとなり、「成る程そうなんだ！」ということになるようです。

実は、日本のボーイスカウト人口が、毎年数千人の規模で減少しつつあり、一向に歯止めが掛かりませんが、最大の原因は少子化問題以上にこの「善意の誤解」にあるものと私は分析しています。人が複数集まって何かをやろうとすれば、分担を決め、権限と義務を決め、纏《まと》め役を決めて、目的に向かって皆がそれぞれの職責を果たすことは当たり前のことです。ボーイスカウトの指導者もそんなことは知っているのですが、「善意の誤解」のために「運動人は組織に縛られるべきではない！」という訳です。

話は変わりますが、前述の英国連盟機関誌「スカウター」への寄稿文を日本に紹介した渡邉昭総長（総長とは「チーフスカウト（chief scout）」の訳で、我が国のスカウト運

動を代表する人。昭和天皇のご学友）が、「これを読むとB-Pが如何にこの運動の基本精神を大切にしたか、それを動かすための組織は出来るだけ能率の良い生きたものにし、組織のための組織などあってはならないと考えていたように、私は思うのである」と述べておられます。つまり、**組織否定ではなく能率の良い生きた組織でなければならない。**そして重要なのは心の有り様であって、報酬《ほうしゅう》を期待しない崇高なボランタリー精神の大切さを強調するために「運動」という言葉を使ったのではないでしょうか。

近代組織論が発展した現代でも心の有り様を考えない組織は、結局失敗すると言われています。

現在、ボーイスカウト募集の最前線は極めて厳しい環境下にあります。ここでの争奪戦に勝利するためには、地域社会の多くの市民にボーイスカウトの本当の良さをもっともっと知っていただかなければなりません。そのためには広範な施策の組織的展開を図らなければ生き残れないことは自明《じめい》の理であります。

「善意の誤解」を改め、**成功の秘訣は「組織あっての運動」であることを急ぎ広めなければなりません。**

渡邊昭（わたなべあきら）

ボーイスカウト日本連盟第7代総長に昭和49年5月に推戴《すいたい》される。元ボーイスカウト日本連盟総コミッショナー。元伯爵、大日本少年団連盟監事、帝国少年団協会理事等を歴任する。昭和天皇の学習院時代のご学友でもある。三島通陽（日本連盟第4代総長）、松方三郎（日本連盟第6代総長）の後輩として、学習院で乃木希典院長の教育を受けた。昭和3年、三島通陽（当時は東京連合少年団理事長）の紹介で、東京連合少年団 の理事になったことがボーイスカウト運動との出会い。

世界的には昭和42年からアジア太平洋地域の委員として、また昭和48年7月には、故松方三郎総長の後任として世界スカウト機構世界委員会委員に委嘱《いしょく》され、日本のスカウト運動とともに、世界のスカウト運動のために大きな貢献をした。

平成17年7月23日１０３歳で逝去。

23
「地域に根ざす！」それこそが「ボーイスカウトの願い」

地域力の充実に
もっと貢献をしたいと考えています。

「辻さん、菊スカウト章受章おめでとう！　良く頑張りましたね。私は、高校時代の恩師がボーイスカウトの偉い人だったので、ジャンボリーに同行させて貰ったことがあります。そして海洋少年団員としてロープワークや手旗を一生懸命覚えた経験もあるのでボーイスカウトの魅力をよく知っていて、とても親しみをもっています」と松崎市長。「佐藤君、あなたがボーイスカウトで得た貴重な経験をぜひとも学校の友人にも話してあげてください」と黒田教育長。「ボーイスカウトが地域で大きな役割を果たしておられることにいつも敬意を表しているのですよ！」と市長のお話が続きました。これは、ボーイスカウト運動に深い理解を持たれる市長と教育長による「菊スカウト顕彰会」の模様ですが、毎年千葉県浦安市の市長応接室で子どもたちが、誇らしく激励を受けています。

隣の市川市でも、毎年12月に中学生年代のボーイ隊員の中で努力して菊スカウト章を受章したスカウトが市長室を訪問して、大久保市長から温かい激励のお言葉と、記念品をいただいたりしています。

このような行事は、市川市や浦安市だけではなく全国津々浦々の市町村で粛々《しゅくしゅく》と行われていますが、これは**ボーイスカウトが地域にとってかけがえのない青少年健全育成団体であり、地道な活動を息長く行っていることを物語っています。**

高校生年代のベンチャー隊員の中で頑張った若者は、隼《はやぶさ》スカウトや最高の栄誉《えいよ》である富士章受章スカウトになりますが、千葉県ではこの隼スカウトを毎年森田県知事が激励してくださいますし、富士章受章スカウトの代表は内閣総理大臣から首相官邸で栄誉を讃《たた》えられます。さらには皇太子殿下から東宮御所《とうぐうごしょ》で励ましのお言葉をいただきます。

ところで、２０１０年秋に千葉県下で「今　房総の風となり この一瞬に輝きを」をスローガンとする第65回国民体育大会が、引き続いて「ゆめ半島　みんなが主役　花咲く笑顔」の第10回全国障害者スポーツ大会が開催されましたが、ボーイスカウトは全面的な協力をさせていただきました。

開会式、閉会式での国旗や大会旗など5種類の旗の掲揚《けいよう》、降納《こうのう》、管理について高校生スカウトが凛々《りり》しい姿で見事大役を果たしました。そして、各市町村で行われたオリンピックの聖火に当たる炬火《きょか》の採火式では、ボースカウトならではの採火方法を披露しました。

また、県内各地を訪れる県外からの大勢のお客様を「最高の笑顔」と「心のこもったおもてなし」でお迎えしようというキャンペーンに呼応して「花いっぱい運動」や「県内一斉クリーンアップ作戦」などの環境美化活動に延べ４０００人もの仲間が参加しました。

これらの活動は、地域への貢献や地域との交流のほんの1つの例に過ぎませんが、常に「地域に根ざしたボーイスカウト」でありたい、そして「地域の子どもを地域の大人が、ボーイスカウト教育法を使って熱い背中を見せながら、明日の世界を担える有為な社会人に育つようなサポートを続けたい」。これは取りも直さず、「地域力の充実にもっと貢献したい！」との「ボーイスカウトの願い」を胸に秘めたものである訳です。

この本の出版のきっかけになったのは、月刊誌「えくせれんと」の読者からいただいた貴重なお手紙にあった「こんなに素晴らしいボーイスカウト運動の本当の良さを何でもっとアピールしないのですか？」というものでした。

私は指導者になって以来現場主義を貫いて来ましたので、「ボーイスカウトの本当の良さは、最前線の現場の日々の活動の中にこそ存在する」という信念から、所属する団を中心に関係する組織での出来事を綴《つづ》りました。その中身は、必ずしも素晴らしいものばかりではなかったかも知れませんが、「地域の大人が、懸命《けんめい》になってボーイスカウト教育ツールを使って地域の子どもを育んでいる」ことをご理解いただけましたでしょうか？

実は、その極めて地道な奉仕の積み重ねこそが、大きな「地域力」の源泉であります。

ボーイスカウトは、これからもますますその努力を惜《お》しまないことを記して終わりにさせていただきます。

ボーイスカウトの教育方針のひとつに「進歩制度」があります。ボーイスカウトの最高位に位置するのが「菊章」であり、ベンチャースカウトの最高位は「富士章」、その一歩手前に「隼章」があります。これらは自隊の隊長が認定し、団委員長を通じて地区組織へ申請し、地区または都道府県連盟の面接会を経たあとに記章と進級証が贈られます。女子の活躍もめざましく、この写真は「菊スカウト顕彰会」での松崎浦安市長と黒田教育長との記念撮影です。

Scouting

ベーデン-パウエル・オブ・ギルウェル男爵（B-P）の生涯とボーイスカウトの歩み

注 〔 〕内は日本での歩み

1857年 2月22日、ロンドンでオックスフォード大学教授であり牧師でもあった父と、水彩画や音楽に造詣が深い母との家庭に生まれた。B-Pの絵の才能は母親譲りとされている。この誕生日には世界中のボーイスカウトがB-P祭を行う慣わしになっている。

1876年 名門チャーター校を卒業後陸軍に入隊し騎兵士官候補生になり英国植民地であるインドに駐在した。

1883年 英国植民地である南アフリカに駐在した。この年に『偵察と斥候』を出版。

1888年 31歳で南アフリカに再度の駐在。ズールー族との戦闘に副官として参戦し勝利する。族長から木製のビーズに紐を通した首飾りを貰う。後年このビーズがボーイスカウト指導者の印に使われる。

1895年 植民地ガーナに駐在。

1896年 南アフリカに3度目の駐在。

1897年 再びインドに駐在。40歳で大佐に昇進。『斥候の手引き』出版。

1899年 インドから帰国後、ローデシア前線司令官として南アフリカに4度目の駐在。マフェキングに司令部設置。10月ボーア戦争が勃発し、オランダ系農民のボーア人軍隊に包囲され籠城戦に。そこで9歳以上のマフェキング在住英国人少年を見習兵団として組織し、伝令、郵便配達、見張役等の軍務を任せる。少年であっても彼らを信じて訓練と目的意識を持たせれば危険を恐れずに大人以上の働きをし、嬉々として任務を全うした。この経験がボーイスカウト創設の貴重なヒントになった。

1900年　5月、援軍が包囲網を突破合流し連戦連敗のボーア戦争に勝利した。217日の籠城戦を戦い抜いたことで「マフェキングの英雄」となった。少将に昇進43歳。

1901年　ビクトリア女王死去。

1903年　南アフリカから帰国後、騎馬隊監察長官に就任し欧州やアメリカ大陸を巡察。

1907年　騎馬隊監察長官を離任し中将に昇進と共に予備役に編入さる。
7月29日〜8月9日、知人が所有する英国南部のブラウンシー島で中産階級11人、労働者階級9人の合計20人の少年による実験キャンプを行う。当時の英国は、貴族階級を含めて極めて明確な階級社会であったが、B-Pの狙いの中に階級問題の解消があった。20人の少年を4つのパトロール（班）に分けて活動させた。これが世界最初のボーイスカウトキャンプであり、少年の小集団活動の始まりであった。

1908年　[日本に初めてボーイスカウト運動が伝わる]

1909年　『スカウティング・フォア・ボーイズ』出版。この本はスカウトクラフト、追跡法、ウッドクラフト、キャンプ生活、野外生活法、耐久力、騎士道、救急法、愛国心、指導者への指示やキャンプファイアー夜話からなる。スカウトの目的が「ちかい」と「おきて」に集約。そして活動

	の方法論として、パトロールシステム（小集団活動。日本では班制教育と呼称）とバッジシステム（日本では進歩制度と呼称し記章、バッジを授与）が提示されている。9月にハイドパークで最初のスカウトラリーを開催。英国全土から1万1000人参加。ガールガイド発足。アメリカ・ボーイスカウト連盟（BSA）登録。
1911年	5月、国王ジョージ5世観閲の3万人ラリー開催。11月、連合王国ボーイスカウト連盟として公認。［乃木希典大将が東伏見宮親王の随員として訪英。B-Pと面談しスカウト集会を見学。帰国後片瀬海岸でボーイスカウト式キャンプを実施］
1912年	世界一周の旅に、途中日本訪問。帰国後オレーブ・ソームズと結婚。54歳と22歳。その後3人の子どもをもうける。
1914年	［8月静岡少年団創設、9月大阪少年義勇団創設、12月東京少年団に改称］
1916年	『ウルフカブス・ハンドブック（カブスカウト）』発行。
1917年	シニアスカウト部門設置。
1918年	ローバースカウト始まる。第1次世界大戦終結。
1919年	ギルウェルパークに指導者実修所開設。
1920年	第1回国際ジャンボリーがオリンピアの円形競技場で開催され8000人の参加者。B-Pはここでチーフスカウト（総長）に就任。第1回国際ボーイスカウト会議開催。世界ボーイスカウト人口は102万人に。［日本から3名参加］
1921年	［皇太子（昭和天皇）訪英時にB-P謁見］

1922年	［第1回全国少年団大会（静岡）、少年団日本ジャンボリー（東京連合少年団）開催］
1923年	［少年団日本連盟発足（後藤新平総裁）、9月関東大震災。女子補導団（ガールスカウト）設立］
1924年	第2回国際ジャンボリーがコペンハーゲンで開催され日本から三島通陽以下24人が参加した。佐野常羽がギルウェル実修所に入所した。
	［後藤新平総裁が、自治三訣「人のお世話にならぬ様。人のお世話をする様に。そして報いを求めぬ様。」を掲げた。第1回全国野営大会を福島で開催］
1929年	第3回世界ジャンボリーが英国バークンヘッドで開催され、日本から佐野常羽以下28人参加。世界スカウト人口189万人。10月世界恐慌。
	B-Pは国王ジョージ5世により男爵に叙せられ、ベーデン-パウエル・オブ・ギルウェル男爵となる。72歳。
1933年	第4回世界ジャンボリーがハンガリーで開催された。ドイツとイタリアはファシスト青年団に吸収され不参加。
1937年	第5回世界ジャンボリーがオランダのハーグで開催された。81歳のB-Pはここで別れのスピーチを行う。
1938年	B-P夫妻はケニアのナイロビから100㎞のニエリ移住。『アフリカの鳥と獣』を執筆。
1939年	ノーベル平和賞に決定したが、戦争により、ノーベル平和賞そのものがなくなった。『自分のカヌーを漕げ』を執筆。
1940年	『続ケニアのスケッチ』を執筆。11月風邪を引き寝込む。

1941年	1月8日、B-Pは52歳の妻オレーブに看取られて84歳で死去。遺言に沿ってケニア山麓に埋葬。死後遺品の中から「最後のメッセージ」が発見された。
1957年	B-P生誕100年・スカウト運動50周年に当たり、世界ジャンボリー開催。「ゴールデンジュビリー」と呼ぶ。
1947年	［太平洋戦争後GHQの許可のもと東京と横浜で活動を再開した］
1949年	［財団法人ボーイスカウト日本連盟設立許可を得る。9月第1回日本ボーイスカウト大会を開催した］
1956年	［第1回日本ジャンボリーが軽井沢で開催］
1958年	第1回ジャンボリー・オン・ジ・エアー（JOTA）開催。
1971年	［第13回世界ジャンボリーが朝霧高原で開催］
1990年	第32回世界スカウト会議がパリで開催され、世界成人資源方針」（アダルトリソーシス方針）が制定。
1995年	［全ての部門で女子の加盟登録認める］
2007年	スカウト運動100周年。第21回世界スカウトジャンボリーがロンドンで開催され日本から1518名参加。参加者総勢3万8000人。
2010年	［公益財団法人ボーイスカウト日本連盟の許可を得た］
2011年	第22回世界スカウトジャンボリーがスウェーデンで開催予定。
2015年	［第23回世界スカウトジャンボリーが日本の山口市で開催予定］

❖あとがきにかえて❖

子どもの教育、それはまず大人の教育から始まると実感しています。地域に住んでいる将来を担《にな》う玉石混交の子どもたち。それを地域の玉石混交の大人たちが指導する。これが奉仕活動であるボーイスカウトの組織です。子どもには玉の子もいれば石の子もいる。もちろん、大人も同じなのです。石の大人もいれば玉の大人もいる。となれば石の大人が石の子どもの面倒を見るってこともあるわけです。しかし石も磨けば玉になる。必要なのは、指導者が玉でなくてはならないのではなく、どこを磨くと玉になるのか、石を「よく見る努力」をするということではないでしょうか。ボーイスカウトの指導者の制服を着ることによって「子どもを見る努力」をする機会や習慣を持ったことで、今まで自分の子どもに対してもその「見る」努力をしなかった大人が、家に帰ってその目で見るようになったりします。

私が責任者をつとめる市川第3団の場合ですと、お預かりしている子どもは100人います。成長する子どもたちと一緒に過ごしているというのは楽しいことです。しかし、学校で言えば、担任の先生役をやる指導者と校長先生役の指導者がいます。校長先生役は、一般社会におけるわれわれシニアの役割と考えていただいたらいいでしょう。担任の先生は、日々子どもと接触していますから、喜怒哀楽《きどあいらく》を一緒にやって、町で会えば「隊長！」と声を掛けられ、なかなか楽しい。しかし校長先生はそうはいかない。子どもたちが喜ぶ様は、担任の先生を通して知るわけです。

私の任務は100人の子どもたちと、無償《むしょう》で働く70人の老若男女の指導者の方々を、おだてたりすかしたり（笑）喜ばせたり怒ったりしながら、ヤル気を持って励んでくれるよう支えることで、100人の子どもの教育環境を整えることです。困難なことはしょっちゅう起こります。近所の大人が集まってやっていると軋轢《あつれき》が生じたりいろんなことがあるわけですよ。するとその仲裁《ちゅうさい》もしなければいけないし、この人とは1杯飲んだほうがいいなあと思うこともあるし（笑）。100人の子どもの家庭の事情に通じて、70人の大人たちの家庭と、その人の性格とか、いろんなことに通じながらマネージメントするわけです。

ボーイスカウトに限らず、あらゆる活動には、すごく高邁《こうまい》な所とドロドロした所がミックスされているんだと認識しています。そこには非常に重要なフィロソフィーがなければ出来ないでしょうね。縄結びやテント張りを教えることが目的ではなく、それを通して、それを教える指導者の人格を子どもたちに伝えることが大切なのです。言葉で言うのは簡単ですが、非常に難しいことです。

なぜなら、子どもというのはきわめて動物的でシンプルで、洞察力がありますから、ぜ～んぶ見えちゃうんです。あのおじさんは口先ばっかりで、とか、何にもしゃべらないけど伝えてくれる、なんてちゃんと見抜いているんです。そういうこともだんだん解ってきて、大人も真剣さが増してきます。だから森屋さん（私）に怒られても辞めないんです（笑）。


（著者・談）

東日本大震災の義援金募金で活動する
子どもたち（著者／右端）。

日本ボーイスカウト都道府県連盟事務局連絡先

H 22.10. 現在

ボーイスカウトにお子様を入団させたいとお考えの方は、遠慮なくお問合せください。

北海道	〒062-0934　札幌市豊平区平岸4条14丁目3-40 ☎011-823-7121
青　森	〒030-0111　青森市荒川字藤戸 119-7 青森県総合社会教育センター内 ☎017-739-0660
岩　手	〒020-0122　盛岡市みたけ3-38-20　岩手県青少年会館内 ☎019-641-1995
宮　城	〒985-0841　多賀城市鶴ヶ谷1-4-1　宮城県多賀城分庁舎内 ☎022-355-6265
秋　田	〒011-0905　秋田市寺内神屋敷3-1　秋田県青少年交流センター内☎018-857-0068
山　形	〒990-0047　山形市旅籠町2丁目5-12　山形メディアタワー内 ☎023-633-7995
福　島	〒960-8153　福島市黒岩字田部屋53-5　福島県青少年会館内 ☎024-546-4155
茨　城	〒310-0034　水戸市緑町1-1-18　茨城県立青少年会館内3F ☎029-226-8482
栃　木	〒320-0043　宇都宮市桜4-2-2　県立美術館普及分館3F ☎028-621-9800
群　馬	〒371-0044　前橋市荒牧町2-12　群馬県青少年会館内 ☎027-232-7620

埼　玉	〒330-0074　さいたま市浦和区北浦和5-6-5 埼玉県浦和合同庁舎別館内 ☎048-822-2463
千　葉	〒263-0016　千葉市稲毛区天台6-5-2　千葉県青少年女性会館内 ☎043-287-1755
神奈川	〒241-0815　横浜市旭区中尾町2-1-14　スカウト会館内 ☎045-365-3421
山　梨	〒400-0865　甲府市太田町5-28　日下部康治様方 ☎055-273-1401
東　京	〒151-0052　渋谷区代々木神園町3-1　NYCセンター棟3F ☎03-3469-4081
新　潟	〒951-8052　新潟市中央区下大川前通4-2195 ☎025-229-5454
富　山	〒930-0096　富山市舟橋北町7-1　富山県教育文化会館内 ☎076-432-6505
石　川	〒920-0962　金沢市広坂2-1-1　広坂庁舎1号館3F ☎0762-61-8064
福　井	〒918-8135　福井市下六条町14-1　福井県生活学習館220号室 ☎0776-41-4064
長　野	〒390-0851　松本市島内8880　スカウト会館内 ☎0263-34-1300
岐　阜	〒500-8384　岐阜市藪田南5-14-53 岐阜県県民ふれあい会館第2棟9F ☎058-275-5356
静　岡	〒420-0068　静岡市葵区田町1-70-1　静岡県青少年会館内 ☎054-255-6185
愛　知	〒461-0011　名古屋市東区白壁1丁目50番地　愛知県白壁庁舎4F ☎052-972-6281

三　重	〒514-0061　津市一身田上津部田1234 県総合文化センター内生涯学習センター 2F ☎059-233-1166
滋　賀	〒520-0044　大津市京町4-3-28　滋賀県厚生会館内 ☎077-522-3681
京　都	〒601-8047　京都市南区東九条下殿田町70 京都府民総合交流プラザ3F ☎075-662-8801
兵　庫	〒650-0011　神戸市中央区下山手通4-16-3　兵庫県民会館8F ☎078-333-1781
奈　良	〒630-8108　奈良市法蓮佐保山1-3-1　奈良県青少年会館内 ☎0742-27-8182
和歌山	〒640-8425　和歌山市松江北3-4-20　加藤隆也様方 ☎073-452-3022
大　阪	〒540-0006　大阪市中央区法円坂1-1-35 アネックスパル法円坂4F ☎06-6943-0043
鳥　取	〒680-0061　鳥取市立川町2-178　岡田一寿様方 ☎0857-23-7410
島　根	〒690-0033　松江市大庭町1751-13　島根県青少年館内 ☎0852-25-5799
岡　山	〒719-0111　浅口市金光町大谷320　金光教本部教庁内 ☎0865-42-3140
広　島	〒730-0041　広島市中区小町4-33　中国電力㈱2号館内 ☎082-242-2495
山　口	〒753-0064　山口市神田町1-80　防長青年館1F ☎083-928-0079

徳　島	〒779-3223　名西郡石井町高川原171-6　田中良治様方 ☎088-674-2289
香　川	〒760-0071　高松市藤塚町1-10-22 ☎087-833-1135
愛　媛	〒791-1136　松山市上野町甲650　愛媛県生涯学習センター内 ☎089-963-8556
高　知	〒781-8132　高知市一宮東町5丁目6番37-704号　立石巌様方 ☎088-846-1790
福　岡	〒812-0852　福岡市博多区東平尾公園2-1-3 福岡県立総合プール2F ☎092-624-3755
佐　賀	〒840-0027　佐賀市本庄町本庄973-12　蒲原慶嗣様方 ☎0952-29-9301
長　崎	〒850-0876　長崎市賑町5-12　㈱親和銀行長崎寮2F ☎095-827-1656
熊　本	〒862-0950　熊本市水前寺3-17-15　熊本県青年会館内 ☎096-383-7901
大　分	〒870-0822　大分市大道町4-3-35　トダカビル3F ☎097-545-2781
宮　崎	〒880-0027　宮崎市西池町12-6　宮崎教育事務所内1F ☎0985-83-2284
鹿児島	〒892-0822　鹿児島市泉町8-10　稗田将也様方 ☎099-219-3345
沖　縄	〒900-0026　那覇市奥武山町51-2　体協会館3F ☎098-858-1451

■著者略歴
森屋啓（もりや・あきら）
1943年（昭和18年）東京生まれ。日本大学理工学部卒業
大手重工業会社（長年宇宙開発や空港施設事業に携わる）を経て、技研センター㈱社長。
青少年育成地域ボランティアとして現在ボーイスカウトの市川第3団団委員長・市川・浦安地区協議会長・千葉県連盟副理事長・日本連盟安全副委員長、千葉県青少年団体連絡協議会理事。
趣味は家族と共に旅行とスキー。

■編集協力
杉谷みどり（すぎたに・みどり）
1960年生まれ。シニア向け月刊誌「えくせれんと」元編集長。地域活性・伝統振興に関するプロデュースに従事。著書共著に『ほっとする禅語70』『続・ほっとする禅語70』『ほっとする論語』（以上、二玄社）、『告白源氏物語』（ＰＨＰ研究所）、『生きる禅語』（ＫＫベストセラーズ）。

◇◇◇◇◇◇◇◇

地域力《ちいきりょく》だ！　ボーイスカウト
「そなえよつねに」をモットーに

●定価はカバーに表示してあります

2011年5月25日　初版発行

著　者　森屋《もりや》　啓《あきら》
発行者　川内長成
発行所　株式会社日貿出版社
東京都千代田区猿楽町1-2-2　日貿ビル内　〒101-0064
電話　営業・総務(03)3295-8411／編集(03)3295-8414
FAX　(03)3295-8416
郵便振替　00180-3-18495

印刷・製本　株式会社加藤文明社
カバーデザイン＆本文レイアウト　土屋佐由利

ISBN978-4-8170-8179-7　http://www.nichibou.co.jp/